VIVER QUANDO ALGUÉM QUE AMAMOS MORRE

Dados Internacionais de Catalogação na Publicação (CIP)
(Câmara Brasileira do Livro, SP, Brasil)

Hanh, Thich Nhat
Viver quando alguém que amamos morre : meditações para o luto e a perda / Thich Nhat Hanh ; tradução de Letícia Meirelles. – Petrópolis, RJ : Vozes, 2025.

Título original: How to live when a loved one dies.
ISBN 978-85-326-7232-2

1. Autoajuda – Aspectos religiosos 2. Autoconhecimento – Aspectos religiosos – Cristianismo 3. Luto – Aspectos religiosos – Cristianismo 4. Meditação 5. Perda I. Título.

25-273056 CDD-259.6

Índices para catálogo sistemático:
1. Luto : Aspectos religiosos : Cristianismo 259.6

Aline Graziele Benitez – Bibliotecária – CRB-1/3129

THICH NHAT HANH

VIVER QUANDO ALGUÉM QUE AMAMOS MORRE

MEDITAÇÕES PARA O LUTO E A PERDA

Tradução de Letícia Meirelles

EDITORA VOZES
Petrópolis

Tradução do original em inglês intitulado *How to live when a loved one dies – Healing meditations for grief and loss.*

Direitos de publicação em língua portuguesa – Brasil:
2025, Editora Vozes Ltda.
Rua Frei Luís, 100
25689-900 Petrópolis, RJ
www.vozes.com.br
Brasil

Diagramação: Sheilandre Desenv. Gráfico
Revisão gráfica: Alessandra Karl
Capa e texto design original: Katie Eberle
Adaptação brasileira de capa: Paula Zettel

ISBN 978-85-326-7232-2 (Brasil)
ISBN 978-1-94676480-5 (Estados Unidos)

Este livro foi composto e impresso pela Editora Vozes Ltda.

Unicidade

No momento em que eu morrer,
tentarei voltar para você
o mais rápido possível.
Prometo que não vai demorar.
Não é verdade
que já estou com você,
à medida que morro a cada instante?
Eu volto para você
a cada momento.
Apenas olhe,
sinta minha presença.
Se quiser chorar,
por favor, chore.
E saiba
que chorarei com você.
As lágrimas que você derramar curarão a nós dois.
Suas lágrimas são minhas.

Nota dos editores

Aqui estão alguns dos ensinamentos mais profundos do Mestre Zen Thich Nhat Hanh sobre o luto e a perda, além de meditações e práticas de autocuidado na tradição de Plum Village, compilados pelos editores. Esperamos que essas meditações e práticas ajudem você a encontrar alívio, conforto e cura diante do luto e da perda, além de ajudá-lo a se reconectar consigo mesmo, com seu ente querido e com toda a vida.

Sumário

1
Luto

Nossos entes queridos estão em nós, e nós estamos neles.

Quando um ente querido morre, uma parte de nós morre também.

Às vezes, pensamos que nossa perda é tão grande

que nunca seremos capazes de sermos felizes novamente.

Quando perdemos um ente querido, nosso coração se enche de um sofrimento profundo que não conseguimos expressar. Mas podemos expressar nossa dor em lágrimas. Podemos chorar. Quando você chora, sente-se melhor.

Homens também podem chorar. Eu quis chorar quando vi outra pessoa chorando. É da natureza humana chorar. Ser capaz de chorar traz conforto, alívio e cura.

Se quiser chorar,

por favor, chore.

E saiba que chorarei com você.

As lágrimas que você derramar curarão a nós dois.

Suas lágrimas são minhas.

Eu bati os pés e

chorei no momento em que minha mãe

morreu.

Aquela manhã era de um belo tom rosado,

Mas, à meia-noite, o vento soprou

forte.

COMO UMA ÁRVORE NA TEMPESTADE

Quando uma emoção dolorosa surgir, pare o que quer que esteja fazendo e cuide dela imediatamente. Traga sua atenção de volta para o que está acontecendo no seu corpo. A prática é simples. Coloque sua mão sobre o abdômen e sinta o movimento da sua respiração. Leve toda a sua consciência da cabeça para o umbigo e pare de pensar no que o deixou perturbado.

Durante uma tempestade, as folhas e galhos no topo da árvore balançam violentamente. A árvore parece tão frágil e vulnerável, como se pudesse se partir a qualquer momento. Mas, quando você direciona sua atenção para o tronco da árvore, percebe que ele está calmo e imóvel. Você deixa de sentir medo, pois percebe que a árvore é forte e estável, profundamente enraizada no solo e capaz de resistir à tempestade.

Autocuidado: respiração abdominal

Uma emoção forte é como uma tempestade, mas se soubermos praticar, podemos sobreviver a ela. Quando estamos em uma tempestade de emoções intensas, precisamos identificar o que está causando nossa reação emocional e, com gentileza, nos desvencilharmos disso imediatamente. Seja um pensamento, uma imagem, um som, um cheiro, um toque ou alguém falando, desviamos nossa atenção disso por um momento e a trazemos completamente de volta para a respiração. Se continuarmos focados ou pensando naquilo que está nos fazendo sofrer, nossas emoções intensas só aumentarão.

Por isso, pratiquemos a respiração profunda no abdômen. Estejamos em pé, sentados ou deitados, tornemo-nos conscientes da nossa respiração. Se ela estiver rápida e superficial, percebamos isso e redirecionemos nossa atenção da garganta e do peito para o abdômen, focando no movimento de subir e descer da nossa barriga.

A prática é simples:

Inspirando, estou consciente do meu abdômen subindo.
Expirando, estou consciente do meu abdômen descendo.

Gradualmente, a tempestade se dissipará, nossa respiração e nosso coração se acalmarão, e nos sentiremos mais em paz.

OUÇA A SI MESMO

Quando está sofrendo profundamente, se sofreu uma perda significativa, você precisa de pessoas que sejam capazes de simplesmente sentar e ouvir com compaixão. Mas o mais importante é que possamos ouvir a nós mesmos com compaixão. Para fazer isso, precisamos aprender a arte de ouvir profundamente. Paremos o que estamos fazendo e voltemos para nós mesmos. Olhemos profundamente para reconhecer e nomear nosso sofrimento e o abracemos ternamente. Ouvir profundamente nosso próprio sofrimento é um ato de autocompaixão.

Autocuidado: respiração consciente

Quando perdemos um ente querido, especialmente se foi algo súbito e inesperado, podemos sentir como se tivéssemos perdido o chão sob os pés. Isso nos tira o fôlego.

A primeira coisa a fazer é recuperar nosso equilíbrio. A prática da respiração consciente pode nos ajudar a voltar para o momento presente e retornar ao corpo.

Como acalmar um coração acelerado e a respiração errônea? Na verdade, é muito simples – trazemos toda a nossa atenção de volta para a respiração e nos concentramos exclusivamente nela. Paramos de pensar em qualquer outra coisa e seguimos a respiração enquanto o ar entra e sai do corpo.

* * *

Continue seguindo sua respiração. Sinta o ar frio entrando no seu corpo e perceba que ele fica mais quente ao sair. Tornamo-nos conscientes de quais partes do corpo se movem enquanto respiramos, e nos concentramos no subir e descer do abdômen.

Quando mantemos a atenção na nossa respiração, ela naturalmente se torna mais leve, calma e tranquila. Gradualmente, a tempestade se dissipa, e nossa mente e corpo se acalmam.

* * *

Sua respiração é seu bote salva-vidas em um oceano tempestuoso, a âncora que o mantém em seu corpo. Siga-a e perceba o que está acontecendo em seu corpo. Sinta seu abdômen subindo e descendo. Quando estamos muito perturbados, nossa respiração pode ser rápida e superficial, e nosso peito pode se agitar. Apenas foque nessas sensações corporais. Torne-se consciente de quaisquer constrições no corpo, de qualquer aperto ou dor, e faça o seu melhor para respirar e liberar a tensão nessas áreas. Mantenha sua atenção nas sensações corporais e no fluxo da sua respiração. Não tente mudar ou forçar nada; apenas tome consciência do que está acontecendo. Sua respiração começará naturalmente a se acalmar, e sua mente e corpo começarão a relaxar e a se acalmar também.

Onde quer que estejamos, podemos praticar a respiração consciente, seja sentados, caminhando, em pé ou deitados. Apenas seguir a respiração já pode trazer muita paz e alívio. Sempre que nos sentirmos sobrecarregados pelo luto, desespero ou tristeza, nossa respiração é o chão estável e sólido no qual podemos nos refugiar.

* * *

Para nos ajudar a manter o foco na respiração, em cada inspiração e expiração, podemos dizer silenciosamente:

Inspirando, sei que estou inspirando.
Expirando, sei que estou expirando.
Dentro.
Fora.

Siga suavemente sua inspiração e expiração, com concentração e atenção do início ao fim. Não force nem tente mudar a respiração, apenas a observe e siga. Se a mente divagar, gentilmente a convide de volta para seguir sua respiração novamente. Nossa respiração naturalmente se acalmará e se tornará um pouco mais lenta e profunda.

Inspirando, sigo minha inspiração até o fim.
Expirando, sigo minha expiração até o fim.

Seguindo minha inspiração,
Seguindo minha expiração.

Mantenha sua concentração o máximo possível. A consciência da sua respiração traz sua mente de volta ao seu corpo e ao momento presente. Torne-se consciente do seu corpo; lembre-se de que você tem um corpo. Liberte qualquer tensão – no seu rosto, ombros, diafragma – e permita que seu corpo relaxe. Este é o primeiro passo para restaurar o bem-estar.

* * *

Coloque suas mãos sobre o abdômen e sinta-o subindo e descendo. Agora, ao seguir sua respiração, você pode dizer para si mesmo:

Inspirando, torno-me consciente de todo o meu corpo.
Expirando, relaxo todos os músculos do meu corpo.
Consciente do corpo.
Relaxando o corpo.

Inspirando, acalmo meu corpo.
Expirando, sorrio.
Calmo,
Sorrio.

Um sorriso suave e leve soltará todos os músculos do seu rosto. Se conseguirmos sorrir para o nosso sofrimento, já podemos sentir algum alívio. Não precisamos esperar até nos sentirmos inclinados a sorrir para fazê-lo. Às vezes, sentimos prazer e sorrimos, mas outras vezes, sorrir nos faz sentir melhor. Pesquisas em neurociência mostram que isso é verdade. Um sorriso diz: "Isso não é o fim do mundo, mesmo que pareça".

Se for mais fácil, você pode simplesmente repetir palavras curtas para cada inspiração e expiração, ancorando sua atenção nessas palavras-chave ou outras de sua escolha:

Dentro, fora.
Profundo, lento.
Calmo, tranquilo.
Sorrir, liberar.

Continue respirando com essas palavras. Perceba que sua expiração é frequentemente mais longa do que a inspiração. Saboreie a pausa no final da expiração; relaxe e permita que toda a tensão em seu corpo se dissipe lentamente.

QUANDO É DIFÍCIL FICAR PARADO

Quando achamos difícil voltar à nossa respiração e acalmar nossas emoções fortes, sair para uma caminhada pode ajudar.

Ao caminharmos com atenção plena, ficamos conscientes do que está acontecendo dentro de nós e ao nosso redor. Dessa forma, voltamos para casa e nos refugiamos no momento presente e na natureza. Ao caminharmos, deixamos de lado nossos arrependimentos sobre o passado e nossas preocupações sobre o futuro, permanecendo totalmente estabelecidos no aqui e agora. Permitimos que a terra, o céu, o ar fresco e o sol nos nutram. Ao caminharmos, permitimos que nossa mente descanse. Permanecemos pacificamente no aqui e agora e deixamos a natureza nos curar.

Caminhe como uma pessoa livre. Traga sua atenção para os seus pés, não foque apenas na sua cabeça. Sinta o contato entre seu pé e o chão.

MEDITAÇÃO ANDANDO

Meditar andando une o corpo e a mente e restaura a paz. Trazemos nossa mente de volta ao momento presente a cada passo.

Caminhe em paz, com soberania sobre si mesmo. Deixe de lado a tristeza e as preocupações, libere-as para a terra. Quando esses sentimentos ressurgirem, apenas diga “Olá” e “Adeus” a eles. Não se force a não sentir tristeza. Apenas reconheça o sentimento e deixe-o ir gentilmente. Volte para sua respiração e para seus passos.

Ao meditarmos enquanto caminhamos, combinamos nossa respiração com nossos passos. Enquanto inspiramos, podemos dar dois ou três passos. Ao expirar, podemos querer dar alguns a mais. Deixe o ritmo da sua respiração e da caminhada ser natural, da maneira que se adequar à sua respiração. Podemos usar palavras para nos ajudar a coordenar nossos passos e nossa respiração. Ao respirar e dar dois passos, podemos dizer: “Eu cheguei”. Ao expirar, podemos dizer: “Eu estou em casa”. A cada passo, realmente chegamos; realmente estamos em casa. Chegamos no momento presente; não nos perdemos no passado ou no futuro. Sentimos segurança, paz e tranquilidade quando estamos totalmente estabelecidos no momento presente. Você também pode dizer: “A cada passo, volto à minha origem”. Podemos usar as palavras ou as frases que quisermos.

Ao meditarmos enquanto caminhamos, nosso corpo e mente estão unidos. Meditar ao caminhar é uma prática maravilhosa que pode nos ajudar a voltar para nós mesmos e a encontrar a cura na Mãe Terra.

Autocuidado: encontrando alívio na meditação andando

Em tempos de estresse e luto, meditar andando é uma maneira maravilhosa de restabelecer a paz e a calma no corpo e na mente. Passar tempo caminhando na natureza todos os dias ajuda a nos reconectar com nosso corpo, com a terra e com as maravilhas da vida. A natureza tem a capacidade de abraçar nossa dor e transformá-la.

Não caminhamos com o objetivo de chegar a algum lugar, simplesmente caminhamos pelo puro prazer de caminhar. Desfrutamos a cada passo que damos, saboreando nossa respiração e liberando nossa dor e tristeza para a terra. A cada passo, voltamos para o momento presente, o único lugar onde a vida é possível.

Tornamo-nos conscientes da nossa respiração e do contato de nossos pés com a terra. Sentimos o calor do sol no nosso rosto e a brisa na nossa pele. Tornamo-nos conscientes dos sons dos pássaros e do perfume das árvores e flores ao nosso redor. Desfrutamos de cada passo; a cada passo, deixamos uma marca de paz na terra. Podemos praticar em um parque ou em algum outro lugar bonito e tranquilo. Isso nutre nosso espírito, fortalece nossa atenção plena e ajuda a nos curarmos.

* * *

Quando caminhamos, podemos pegar a mão de nosso ente querido que faleceu e caminhar com ele. Nossas pernas são as suas pernas, e nossos olhos são os seus olhos. Quando vemos algo bonito – o céu azul, um pôr do sol brilhante, uma árvore majestosa ou um animal – podemos parar de caminhar para permitir que essa visão penetre nossa consciência e nos nutra profundamente. Permitimos que essa beleza não apenas nos alimente, mas nutra também nosso ente querido dentro de nós. Desfrutamos de tudo, não só para nós, mas também para o nosso ente querido que se foi.

* * *

Dê passos suaves; imagine que está beijando a terra com os seus pés. Traga a sua atenção para as solas dos seus pés e sinta o contato entre elas e a terra. Deixe a terra apoiá-lo. Realmente chegue a cada passo. Se você ainda não chegou, pare de caminhar até estar totalmente presente. Coordene sua respiração e seus passos para que haja comunicação entre eles. Você pode gostar de contar seus passos conforme respira – dependendo do comprimento da sua respiração – dois ou três passos para uma inspiração e três ou quatro passos para uma expiração. "Um, dois; um, dois, três" ou "Dentro, dentro; fora, fora, fora".

Diga um pequeno poema para ajudar a se concentrar. Dependendo do ritmo de seus passos e sua respiração, uma palavra ou frase pode acompanhar um passo.

Eu cheguei, estou em casa
No aqui e no agora

Ou, mais simplesmente:

Cheguei, cheguei,
Em casa, em casa, em casa.

O santuário da sua ilha interior

Quando a vida parece um oceano turbulento, podemos lembrar que temos uma ilha de paz em nosso interior. Tudo é impermanente – vem e vai, o amor e o ódio, o nascimento e a morte – tudo está sempre em processo de mudança. Habitando a sua ilha interior, você está seguro. Refugie-se na sua própria ilha.

Inspirando, dê dois passos e diga “Refugio-me”. Expirando, dê dois ou três passos e diga “Na minha ilha interior”.

Inspirando, volto para a ilha em meu interior.
Dentro da ilha, há lindas árvores.
Há riachos de águas claras, há pássaros, luz do sol e ar fresco.
Expirando, sinto-me seguro.
Eu desfruto voltar à minha ilha.

ÀS VEZES, TODOS NÓS PRECISAMOS DE AJUDA

Há momentos em que o nosso sofrimento é tão grande que precisa de mais do que uma pessoa para suportá-lo.

Quando ele ameaça a nos dominar, podemos contar com o apoio dos outros. Um grúpo de pessoas que pratica atenção plena juntas pode fornecer esse apoio. A energia coletiva de atenção plena gerada pelo grupo tem o poder de nos sustentar e de sustentar nossa dor. A prática da escuta profunda e da fala amorosa pode oferecer alívio. Praticar a meditação em conjunto, seja sentada ou caminhando, tocando a terra com nossos pés, pode ser muito curativo.

Permitamos que a energia coletiva de atenção plena reconheça e abrace nossa dor. Pode ser um fardo pesado carregar nossa dor sozinhos, então confiemos isso ao grupo. "Queridos amigos, aqui está a minha dor, aqui está a minha tristeza, aqui está o meu desespero. Por favor, ajudem-me a reconhecê-la. Por favor, suportem-na por mim".

Nós nos tornamos uma gota d'água fluindo no rio da energia desperta e nos sentimos muito melhor. A energia coletiva da atenção plena é transformadora, poderosa e curativa.

A PAZ ESTÁ EM CADA PASSO

A paz está ao nosso redor, no mundo e na natureza. Também está dentro de nós, em nossos corpos e mentes. O ato de caminhar rega as sementes de paz que já estão em nosso interior. Nossos passos atentos nos ajudam a cultivar o hábito de tocar a paz em cada momento.

A mente pode ir em mil direções.
Mas neste belo caminho, eu caminho em paz.
A cada passo, uma brisa suave sopra.
A cada passo, uma flor floresce.

2
Sobrevivendo às nossas emoções intensas

Os sentimentos vêm e vão como nuvens em um céu ventoso.

A respiração consciente é minha âncora.

RESPIRE

A cura começa quando respiramos. Não há caminho para a cura; ela é o caminho. Quando respiramos com atenção plena, trazemos nossa mente de volta ao corpo, unindo-os, e a mente para de correr. Às vezes, respirar é tudo o que é necessário.

SOMOS MAIS DO QUE NOSSAS EMOÇÕES

Neste momento, você pode achar a vida insuportável. No entanto, tudo é impermanente. Nossas emoções são impermanentes; elas vêm e vão. Ter consciência disso pode salvar sua vida. Uma emoção vem, fica por um tempo e depois vai embora. Essa é a natureza de todos os fenômenos.

Você é muito mais do que suas emoções. É seu corpo, seus sentimentos, suas percepções, suas formações mentais e sua consciência. Você é as ações do seu corpo, sua fala e sua mente, suas aspirações, sua capacidade de amar e entender; e você está conectado com toda a vida. O território do seu ser é infinito.

Focando nossa atenção no movimento de subida e descida do nosso abdômen enquanto respiramos profundamente, nossas emoções não mais nos sobrecarregarão ou nos levarão a fazer algo destrutivo. Quando sobrevive a uma emoção forte, terá confiança de que pode fazê-lo outra vez.

INDO PARA CASA: A NATUREZA

A terra é o nosso lar. Ela é a nossa verdadeira mãe. Nos momentos de tristeza e perda, podemos voltar à terra que nos deu à luz. Ela pode nos acolher junto com toda a nossa tristeza e desespero. Está sempre pronta para nos receber. Seus braços estão sempre abertos para nós. A natureza nos convida a mergulhar em seu colo. Caia em seu abraço amoroso e se entregue; libere seu sofrimento. O alívio que buscamos está bem debaixo dos nossos pés e ao nosso redor. Cada passo consciente sobre a terra pode nos curar.

REFUGIANDO-SE NA TERRA

Quando nos sentimos frágeis e instáveis, podemos voltar para casa e encontrar refúgio na terra. A cada passo, sentimos sua solidez sob nossos pés. Quando estamos verdadeiramente em contato com a terra, podemos sentir sua compaixão infinita, sua estabilidade, sua ausência de discriminação e seu abraço curador. Voltemos para a terra e nos entreguemos a ela.

Quando sabemos como voltar para a Mãe Terra, sentimo-nos nutridos e recuperamos nossa paz. A Mãe Terra tem o poder de nos nutrir, acolher nosso sofrimento e nos curar. Ao nos reconectarmos com sua solidez sob nossos pés, podemos experimentar uma cura profunda. Alegramo-nos com sua majestade, com suas montanhas e lagos, com o vasto céu azul, rios sinuosos e oceanos profundos. O sol nos abraça e nos acaricia diariamente, iluminando nossos dias, meses e anos, trazendo luz para nossas vidas.

Quando conseguimos voltar para nós mesmos e encontrar refúgio em nossa ilha interior, tornamo-nos nosso próprio lar e, ao mesmo tempo, um refúgio para os outros. Caminhar com cem por cento do seu corpo e mente pode libertá-lo da raiva, do medo e do desespero. Cada passo pode expressar seu amor pela Terra e por si mesmo.

Enquanto caminha, você pode dizer:

A cada passo,
volto para minha casa – a Terra.
A cada passo,
retorno à minha origem.
A cada passo,
encontro refúgio na Mãe Terra.

ACALMANDO NOSSOS SENTIMENTOS DOLOROSOS

Da mesma maneira que praticamos acalmar nossa respiração e nosso corpo, podemos praticar acalmar nossos sentimentos. Volte à sua respiração; reconheça, abrace e acalme seus sentimentos dolorosos de tristeza, luto e perda. Esta é a prática: não os afastar, mas identificá-los, nomeá-los e abraçá-los com ternura, como uma mãe abraçaria seu bebê que está chorando.

Identificar e nomear nossos sentimentos dolorosos reduz o poder que eles têm sobre nós. É importante saber o que estamos sentindo. Nossa respiração tranquila e nosso abraço compassivo irão acalmar essas emoções intensas e permitir que elas se transformem naturalmente.

Se tivermos a sorte de estar em um ambiente no qual há outras pessoas praticando a atenção plena, podemos nos beneficiar da energia coletiva dessa prática.

O que está nos impedindo de sentir alegria no momento presente? Qual é a verdadeira natureza do nosso sofrimento? Podemos aprender a chamar todos os nossos sentimentos pelos seus verdadeiros nomes.

Autocuidado: abraçando e acalmando nossos sentimentos dolorosos

Encontre um lugar tranquilo para sentar e acompanhe sua respiração. Use estas orientações para ajudá-lo. Cada linha da meditação guiada abaixo acompanha, respectivamente, sua inspiração ou expiração. Após cada linha, você pode fechar os olhos e aproveitar algumas inspirações e expirações, mantendo as palavras-chave em seu coração.

A primeira frase-chave acompanha a inspiração, e a segunda frase-chave acompanha a expiração.

Consciente do estado da minha mente,
inspiro.
Sorrindo para o estado da minha mente,
expiro.
Consciente da mente.
Sorrindo.

Sentindo a dor do luto em mim,
inspiro.
Sorrindo para a dor do luto,
expiro.
Sentindo o luto.
Sorrindo.

Sentindo a tristeza profunda em mim,
inspiro.

Sorrindo para o sentimento de tristeza,
expiro.
Sentindo a tristeza profunda.
Sorrindo.

Se você encontrar resistência, continue mesmo assim. Pode parecer impossível sorrir, mas até mesmo a ideia de sorrir pode nos ajudar a sentir alívio.

Abraçando meus sentimentos difíceis,
inspiro.
Sorrindo para meus sentimentos difíceis,
expiro.
Abraçando sentimentos.
Sorrindo.

Acalmando meus sentimentos difíceis,
inspiro.
Sentindo alívio,
expiro.
Acalmando.
Alívio.

Refugiando-me no momento presente,
inspiro.
Sorrindo e aceitando,
expiro.
Momento presente.
Sorrindo e aceitando.

Quando estiver sobrecarregado por emoções intensas como luto, tristeza, raiva ou desespero, você pode praticar meditações guiadas como essas para ajudá-lo a se acalmar e a encontrar alívio. Quando conseguimos reconhecer, nomear e abraçar nossas emoções difíceis, elas se acalmam naturalmente e dão espaço para algo novo.

QUANDO ESTAMOS SOBRECARREGADOS PELO LUTO

Se permitirmos que o sofrimento venha à tona e domine nossa mente, podemos rapidamente nos sentirmos sobrecarregados por ele. Por isso, convidamos outra energia a surgir ao mesmo tempo: a energia da atenção plena.

Com essa energia, podemos reconhecer nossa dor e abraçá-la com ternura, como uma mãe que acolhe seu bebê que está chorando. Quando um bebê chora, a mãe para tudo o que está fazendo e o segura carinhosamente em seus braços. A energia da mãe penetra no bebê, que sente alívio.

A função da atenção plena é, primeiramente, reconhecer o sofrimento que está presente e, em seguida, cuidar dele, identificando-o e abraçando-o. É importante sermos capazes de nomear o que estamos sentindo, identificar o que está nos fazendo sofrer, para que a transformação, a paz e a alegria sejam possíveis.

Quando conseguimos abraçar nossa tristeza e dor, nossa raiva e medo, com a energia da atenção plena, somos capazes de reconhecer as raízes do nosso sofrimento. Da mesma forma, também seremos capazes de reconhecer o sofrimento nas pessoas que amamos.

O MILAGRE DA ATENÇÃO PLENA

A atenção plena pode nos curar e transformar nossos sentimentos de tristeza e pesar. É essa energia que nos ajuda a reconhecer o que está acontecendo no momento presente, em nosso interior e ao nosso redor. É possível mudar nossa vida com a prática de respirar, sentar e caminhar de forma consciente.

Se conseguirmos manter a atenção plena ao realizar essas atividades básicas, será mais fácil lidar com nossos sentimentos e emoções dolorosos quando eles surgirem.

PRIMEIRAMENTE, NUTRA-SE

Praticando a atenção plena, começamos a nos tornar mais conscientes de nossa dor; no entanto, talvez ainda não estejamos fortes o suficiente para transformá-la. Para ter a força necessária para enfrentar e abraçar plenamente nossa dor, é importante permanecermos conectados às muitas coisas maravilhosas e revigorantes que estão em nosso interior e ao nosso redor – as árvores, o céu azul, os olhos de uma criança, o pôr do sol.

Precisamos ter uma base sólida para sermos fortes o suficiente para suportar nosso sofrimento. Quando estamos calmos e estáveis, quando cultivamos paz e alegria suficientes, conseguimos encarar nosso sofrimento. Assim como um cirurgião pode avaliar que um paciente está fraco demais para passar por uma cirurgia e recomendar que ele descanse e se alimente antes de ganhar força para sobreviver ao procedimento, precisamos fortalecer nossa base de alegria e felicidade antes de focar em nosso sofrimento.

NUTRINDO NOSSAS EMOÇÕES POSITIVAS

Nossa mente é como a terra. Sementes de todos os tipos estão profundamente enterradas no solo. Todos nós temos muitos tipos de sementes em nossa consciência – sementes saudáveis e não saudáveis. Quando regadas, essas sementes brotam e se manifestam em nossa consciência como formações mentais. No interior de nossa consciência há o céu, mas também há o inferno. Somos todos capazes de ser felizes, compassivos e compreensivos, mas se focarmos apenas nos sentimentos negativos dentro de nós, especialmente em nossa tristeza, dor e sofrimento, estaremos regando nossas sementes de pesar, desespero e desesperança. Essas sementes então brotam, crescem fortes e se tornam mais profundas em nossa base. Por isso, o que escolhemos regar é importante. Precisamos de nutrição positiva para cultivar nossa felicidade. Com uma atenção apropriada, somos seletivos quanto ao que regamos. Regamos nossas qualidades saudáveis ao nos conectarmos com o que é positivo em nosso interior e ao nosso redor. É assim que tocamos as maravilhas da vida que sempre nos estão disponíveis.

Uma maneira de cuidar do nosso sofrimento é convidar uma semente de natureza oposta a surgir. Nada existe sem seu oposto. Se temos sementes de desespero, também temos sementes de esperança. Se temos sementes de depressão, também temos sementes de alegria e vitalidade.

Quando uma semente negativa, como o desespero, é regada, podemos convidar a semente da atenção plena a surgir e a abraçá-la, ajudando-nos a reconhecer o que estamos sentindo. Se nos sentimos solitários, sabemos que estamos sentindo solidão. Podemos nomeá-la. Nomear nossos sentimentos tem um impacto imediato sobre eles, enfraquecendo o poder das sementes negativas e fortalecendo as sementes positivas na base. Todos têm a semente da compaixão. Se praticarmos a atenção plena da compaixão todos os dias, essa semente se tornará mais forte em nosso interior e será uma fonte poderosa de energia. Quanto mais cultivarmos paz, alegria e felicidade dentro de nós, nossa tristeza e desespero naturalmente diminuirão.

Não precisamos lutar ou reprimir nada; apenas tentemos regar seletivamente as boas sementes e evitemos regar as negativas. Isso não significa ignorar nosso sofrimento; significa permitir que as sementes positivas, que já estão naturalmente presentes, recebam atenção e nutrição para que possam brotar, crescer e se tornarem belas flores.

PARAR E OLHAR PROFUNDAMENTE

Quando estamos sobrecarregados pelo sofrimento, a primeira coisa a fazer é parar o que estamos fazendo, trazer nossa atenção para a respiração e segui-la com consciência. Não tente ignorar ou reprimir emoções desconfortáveis.

Inspirando, sei que estou inspirando.
Expirando, sei que estou expirando.

Siga sua respiração até começar a se acalmar.

Inspirando, sei que estou sofrendo.
Expirando, digo olá ao meu sofrimento.

Essa é a forma de realizar a prática de parar e olhar profundamente, os dois pilares da meditação. Paramos tudo e voltamos à nossa respiração para podermos olhar profundamente, reconhecer e cuidar do que está presente.

Autocuidado: parar para descansar

Para liberar um pouco da dor e tensão em nosso corpo e em nossa mente, podemos parar por alguns momentos em intervalos regulares ao longo do dia, não importa o quão ocupados estejamos ou como nos sentimos, seja bem ou mal. Podemos tentar tirar alguns segundos ou alguns minutos para parar – para respirar, descansar, relaxar e curar. Isso ajudará a prevenir o acúmulo de estresse e tensão no corpo e na mente, permitindo que o corpo se restaure.

Quando paramos e voltamos a nossa atenção para o corpo, somos capazes de nos conectar com o que é positivo. Podemos tocar as maravilhas da vida que estão disponíveis para nós a cada instante. Nós nos sentimos em paz e conseguimos ver as coisas com mais clareza. Quando paramos, podemos tocar a paz e a alegria e sorrir novamente.

O corpo e a mente são dois lados de uma única realidade. Quando nossa mente está muito tensa e cheia de preocupações, isso afeta o nosso corpo. Então praticamos parar – paramos de correr e, a cada respiração e passo que damos, trazemos nossa mente de volta ao corpo e ao momento presente. Caminhe de forma que aproveite cada passo, realmente aproveite, e deixe de lado sua tristeza, preocupações e ansiedade. Quando esses sentimentos voltarem a surgir, apenas diga "olá" e "adeus". Não precisamos nos forçar, ou lutar, ou nos sentirmos mal. Apenas reconheçamos os sentimentos e os deixemos ir, suavemente. Cada vez que um desses sentimentos dolorosos voltar, apenas acenemos e digamos "olá" e "adeus" novamente. "Olá, minha tristeza, meu desespero. Sei que você está aí. Adeus minha tristeza, meu desespero". Lentamente, nos tornamos mais relaxados, e, com o tempo, a cura acontece.

SEM LAMA NÃO HÁ LÓTUS

O amor e a compreensão são flores de lótus que florescem da lama do sofrimento. Sem lama não há a flor de lótus. Ela precisa da lama para crescer. A compreensão e a compaixão são possíveis somente quando entramos em contato com o sofrimento.

Sabemos que o sofrimento desempenha um papel importante no processo de geração de compreensão e amor. Portanto, não fugimos dele, ao contrário, o abraçamos e o olhamos profundamente a fim de compreendê-lo. Se conseguirmos entendê-lo, então podemos amar. E, quando temos compreensão e amor, sofremos menos.

Autocuidado: meditação sentada para a cura

Todos nós precisamos de um lugar tranquilo para nos retirar e simplesmente ser. Mas, especialmente em tempos de crise ou turbulência, precisamos de um refúgio seguro onde possamos sentar e seguir nossa respiração. Encontre ou crie um espaço silencioso em sua casa onde você possa se sentar em paz e não ser incomodado. Você pode gostar de montar um pequeno altar ou santuário, com flores, incenso e uma vela para ajudar a criar uma atmosfera meditativa e pacífica. Seu espaço deve ser um refúgio acolhedor, com imagens, cheiros e sons suaves. Volte a esse lugar tranquilo sempre que precisar.

A meditação sentada não é difícil. Não é um trabalho árduo. Muitas pessoas podem achar que ela é para os espiritualmente avançados ou para aqueles com corpos flexíveis, mas, na verdade, não há nada extraordinário sobre essa meditação. Qualquer pessoa pode praticá-la. Tudo o que você precisa fazer é encontrar um lugar tranquilo e se sentar.

Meditação é a arte de parar a mente acelerada e olhar profundamente para as coisas. A meditação sentada é uma maneira rápida e eficaz de praticar essa arte de parar. Paramos de falar e de nos mover e permitimos que nosso corpo e mente se acalmem. Isso leva apenas alguns minutos, não muito tempo. Não nos permitimos ser levados por arrependimentos sobre o passado ou por preocupações sobre o futuro. Voltamos para o momento presente, no qual estamos seguros e podemos tocar a verdadeira paz. A vida está disponível para nós apenas no momento presente, e se não estamos presentes, perdemos a vida.

Parar e sentar, seguindo nossa respiração, é o caminho de volta. Quando trouxermos nossa mente de volta ao corpo e estabelecermos paz e calma, encontraremos alívio. Quando estamos calmos, as coisas parecem diferentes; podemos ver tudo com mais clareza.

Imagine um copo de suco de maçã recém-batido – no início, ele é muito turvo, e de modo que conseguimos ver através dele; mas, se o deixarmos descansar por um tempo, a polpa se assenta e o suco fica claro. Depois de um tempo de "meditação sentada", o suco fica como água – completamente transparente. A mesma coisa acontece com nossa mente quando sentamos e seguimos nossa respiração – tudo se assenta e se acalma, e ganhamos mais clareza. Vemos as coisas de uma forma diferente. Olhar profundamente com atenção plena e concentração gera percepção. E com a percepção vem a transformação e a cura.

Como se sentar

Você pode se sentar no chão ou em uma cadeira. Sentar no chão pode nos ajudar a ancorarmos nossa mente, trazendo-a de volta ao corpo. Sente-se de pernas cruzadas sobre uma almofada grande ou no estilo japonês, usando um pequeno banco ou uma almofada firme entre os calcanhares para ter apoio.

Encontre uma posição confortável, com as costas eretas, mas não rígidas, os ombros relaxados e as mãos descansando suavemente no colo. Sente-se na borda da almofada ou cadeira, de forma que sua coluna esteja reta e relaxada. Se as pernas estiverem cruzadas, certifique-se de que ambos os joelhos toquem o chão para que sua postura seja estável e você não precise fazer nenhum esforço para se manter ereto. Se estiver sentado em uma cadeira, tenha certeza de que seus pés estão planos no chão ou apoiados em algum suporte de descanso para os pés.

Traga a sua atenção para a sua inspiração e expiração. Sua respiração naturalmente se tornará mais profunda, lenta e pacífica. Deve parecer muito agradável. Simplesmente sentar e acalmar o corpo pode trazer uma sensação de facilidade e bem-estar. Sente-se unicamente pelo prazer e pela nutrição do ato de se sentar. Deixe de lado os seus pensamentos e apenas siga a sua respiração.

Agora, traga a sua atenção para o seu corpo, relaxando-o e liberando qualquer tensão que possa estar sentindo. Respirar com atenção plena traz sua mente de volta ao corpo.

Seu corpo é um milagre. Quando você pode tocar as suas maravilhas, a cura começa imediatamente. Quando você une corpo e mente no momento presente, toca a verdadeira paz.

Sentar-se por sentar é um ato de compaixão que oferecemos a nós mesmos.

Autocuidado: vendo o seu ente querido em seu interior

Quando alguém que amamos falece, podemos, de repente, sentir-nos abandonados ou sozinhos e acreditar que perdemos essa pessoa para sempre. Podemos sentir angústia e nos desconectar dessa pessoa. No entanto, quando nos reconectamos com nós mesmos, nos reconectamos com nosso ente querido, com nossos ancestrais e com todo o fluxo da vida. Quando voltamos para o nosso lar interior, podemos tocar nosso ente querido dentro de nós.

Nossos pais são nossos ancestrais mais próximos. Sabemos que, geneticamente falando, todos os nossos ancestrais ainda estão vivos em cada uma de nossas células. Eles não morreram. Mas não carregamos apenas seus genes, também carregamos em nosso interior todos os seus pensamentos, crenças, experiências e aspirações. Levamos conosco para o futuro suas ações de corpo, fala e mente. Não é possível tirar seu ente querido de seu interior, assim como não é possível tirar seu pai ou sua mãe de dentro de você, mesmo que quisesse. Tudo está em tudo. Com a percepção da interconexão ou interexistência, você entende que você é seu pai, você é sua mãe. Se está bravo com seu pai ou sua mãe, está bravo consigo mesmo. Da mesma forma, se está bravo com seus filhos, você está bravo consigo mesmo. Nossos filhos são nossa continuação e eles nos carregam para o futuro.

Isso também é verdadeiro para os nossos entes queridos. Mesmo que não sejamos biologicamente relacionados, eles estão em nós, e é impossível tirá-los de nosso interior. Todas as nossas experiências compartilhadas e tudo o que eles pensaram, disseram ou fizeram vive dentro de nós e não pode ser desfeito ou retirado de nosso interior. Para nos reconectarmos com eles, só precisamos olhar para dentro e reconectarmos com nós mesmos.

Essa curta meditação guiada pode nos ajudar a visualizar a presença de nossos entes queridos em nosso interior. Também podemos substituir "ente querido" pelas palavras "mãe," "pai," "avó," "avô" e por "todos os meus ancestrais" para sentir a conexão com todos os nossos antepassados e receber a sua energia e o seu apoio

Inspirando, vejo a presença do meu ente querido em cada célula do meu corpo.
Expirando, sorrio para o meu ente querido com cada célula do meu corpo.
Meu ente querido em cada célula,
Sorrindo.

Inspirando, o meu ente querido está inspirando comigo.
Expirando, o meu ente querido está expirando comigo.
Meu ente querido inspirando comigo.
Meu ente querido expirando comigo.

Inspirando, estou respirando com os pulmões do meu ente querido.
Expirando, nossos corpos relaxam.
Respirando com os pulmões do meu ente querido,
Nossos corpos relaxam.

Respirando, estou olhando com os olhos do meu ente querido.
Expirando, estou ouvindo com os ouvidos do meu ente querido.
Olhando com os olhos do meu ente querido,
Ouvindo com os ouvidos do meu ente querido.

Inspirando, vejo que sou parte do maravilhoso rio da vida, fluindo continuamente há milhares de anos.
Expirando, sorrio e me entrego a esse rio da vida.
Rio da vida, confiando em mim mesmo.

CURANDO O PASSADO POR MEIO DO PRESENTE

O passado não está verdadeiramente desaparecido; ele ainda está aqui, e podemos tocá-lo. Podemos ter arrependimentos sobre o passado e acreditar que não podemos voltar para corrigir nossos erros. Porém, na verdade, ao tocar o momento presente, ainda podemos tocar a dor e as feridas do passado. Podemos pensar que aqueles que partiram não estão mais aqui – nossos entes queridos, membros da família, ancestrais ou amigos. Mas, se soubermos como tocar o momento presente profundamente, descobrimos que todos eles ainda estão aqui, vivos dentro de nós, e ainda podemos falar com eles.

Por exemplo, olhando profundamente com os olhos da interexistência, vejo que minha mãe ainda está viva dentro de mim. Eu sou a continuação dela. Eu sou a minha mãe, e a minha mãe sou eu. É possível curar as feridas do passado justamente no momento presente. É possível pedir desculpas e expressar arrependimento, mesmo que a pessoa não esteja mais aqui.

"Mãe, eu sinto muito, fui descuidado(a), e sei que te machuquei. Não direi algo assim novamente. Por favor, perdoe-me" Quando minha mãe em meu interior ouvir essas palavras de reconciliação, ela sorrirá, e minhas feridas começarão a se curar.

Você pode curar as feridas do passado tocando o momento presente. Esse é o milagre da atenção plena.

DEIXANDO AS EMOÇÕES FLUÍREM POR MEIO DE VOCÊ

Não tenha medo dos seus sentimentos dolorosos e das emoções difíceis. Se tentarmos reprimi-los, criaremos uma falta de circulação em nossa psique, o que pode levar à depressão ou a outros problemas psicológicos. Assim como o corpo precisa de boa circulação sanguínea para se manter saudável, também precisamos de boa circulação psicológica. Precisamos permitir que nossos sentimentos e emoções circulem. Se o sofrimento surgir, devemos abraçá-lo com nossa atenção plena, não tentar afastá-lo.

A atenção plena é o sangue da nossa psique. Assim como o sangue no corpo, ela tem o poder de eliminar toxinas e curar nossa dor. Cada vez que nossa dor é abraçada pela atenção plena, ela perde um pouco de sua força, enfraquecendo-se cada vez mais. Dessa forma, criamos uma boa circulação em nossa psique. Quando a atenção plena circula em nossa consciência, começamos a experimentar o bem-estar. Não precisamos ter medo da nossa dor quando sabemos que a atenção plena também está presente, pronta para abraçá-la e transformá-la.

A SAÍDA É PARA DENTRO

Para entender nosso sofrimento e nossas dificuldades, precisamos estar presentes para nós mesmos; precisamos voltar para o nosso lar interior. A primeira coisa que devemos fazer é reconhecer e admitir que estamos sofrendo. Se conseguirmos fazer isso, teremos uma chance de transformar esse sofrimento. O segundo passo é ter coragem de olhar profundamente para ele, ouvi-lo, abraçá-lo e entender a sua natureza. Muitos de nós fazemos de tudo para evitar voltarmos para nós mesmos, porque temos medo de que, se o fizermos e tocarmos nosso sofrimento interior, ele nos sobrecarregue. É por isso que precisamos treinar a prática da atenção plena. Praticar a respiração, a meditação sentada e a caminhada atenta nos permite gerar uma energia que pode nos ajudar a ser mais fortes.

Ao olharmos profundamente, temos a chance de entender nosso sofrimento e ver o caminho para sair dele. Voltamos para o nosso interior para cuidar de nossos sentimentos e emoções dolorosos, para tornar a transformação possível. O caminho para fora é para dentro. Quando entendemos nosso sofrimento, ele se transforma, e nos sentimos renovados.

Autocuidado: ouvindo o sino da atenção plena

Uma maneira útil de reduzir nosso estresse, dor e ansiedade é parar e respirar pelo menos três vezes sempre que ouvirmos um "sino da atenção plena". Em um mosteiro ou centro de prática, os sinos são "convidados a tocar" várias vezes ao dia, antes, depois e, às vezes, durante todas as atividades. E no mundo também há muitos "sinos" em nosso cotidiano – o telefone, uma mensagem de texto ou notificação, um alarme, uma sirene. Todos esses são sinos da atenção plena. O som do sino é o nosso amigo, lembrando-nos de parar o que estamos fazendo para voltarmos para nós mesmos e para o momento presente.

Sempre que ouvirmos um sino, paremos tudo, tanto física quanto mentalmente. Paremos de nos deixar levar pelo pensamento e pela preocupação e voltemos a focar em nossa respiração. Sigamos a respiração enquanto ela entra e sai do corpo por pelo menos três vezes. Isso é muito reconfortante. Tragamos nossa atenção de volta ao corpo e liberamos qualquer tensão que estejamos segurando. Façamos o mesmo com a nossa mente – tornemo-nos conscientes do que estamos pensando e de como estamos nos sentindo. Pratiquemos o simples reconhecimento, fazendo uma anotação dos nossos pensamentos e sentimentos para depois simplesmente os deixarmos ir. Essa prática é muito fácil e traz alívio e calma instantâneos. Quando praticamos isso ao longo do dia, fortalecemos nosso "músculo da atenção plena", que nos ajuda a permanecer calmos, mesmo em situações difíceis.

Podemos fazer bom uso de muitos "sinos" diferentes – sinos de meditação, sinos de igreja, o toque de um relógio, até mesmo um semáforo pode ser um sino de atenção plena, chamando-nos de volta para o nosso verdadeiro lar. Seja criativo – encontre seus próprios sinos de atenção plena e comprometa-se a parar sempre que os ouvir. Você pode gostar de baixar um sino de atenção plena em seu computador ou celular e programá-lo para tocar em intervalos regulares. Então, cada vez que o ouvir, pare. Respire. Relaxe. Deixe ir. Essa é uma oportunidade preciosa para resetar o contador para zero. Para tocar um momento de paz e estar plenamente vivo.

Enquanto ouve, você pode dizer:

Ouça, ouça.
Este som maravilhoso
me traz de volta
ao meu verdadeiro lar.

CHAMANDO SUA EMOÇÃO PELO SEU VERDADEIRO NOME

A mente é como um rio, e as formações mentais – nossos sentimentos e emoções – são gotas de água sucessivas, formando um fluxo. Meditar é sentar-se à margem do rio da mente e reconhecer cada formação mental à medida que ela surge. Não tentamos lutar ou nos agarrar a nada. Apenas permitimos que a formação mental esteja presente e a reconhecemos, dando-lhe um nome. Dessa forma, ela se acalma naturalmente.

Com a prática da respiração plena e da caminhada, podemos gerar energia suficiente de atenção plena para nos permitir voltar para nós mesmos sem medo. Não corremos o risco de sermos sobrecarregados pelos nossos sentimentos e emoções dolorosos. Com a energia da atenção plena, podemos reconhecê-los, sorrir para eles e dizer: "Olá minha dor, minha solidão, minha tristeza. Eu sei que vocês estão aqui e cuidarei bem de vocês. Olá minha raiva, minha tristeza, meu medo. Não estou mais fugindo de vocês. Estou determinado a cuidar bem de vocês".

Pode ser útil escrever uma lista de sentimentos e emoções para que possamos reconhecê-los facilmente e chamá-los pelos seus verdadeiros nomes.

Saber lidar com uma emoção dolorosa é fundamental. É possível transformar nossos sentimentos de raiva ou tristeza em compreensão, aceitação e compaixão.

Com a prática de atenção plena, podemos aprender a gerar um sentimento de alegria e felicidade, alegrando a mente e criando uma paisagem interior bonita. Também é útil nomear esses sentimentos: "Olá minha alegria, minha paz, minha felicidade. Eu sei que vocês estão aqui e estou muito feliz".

A SEGUNDA FLECHA DO SOFRIMENTO

Quando uma flecha lhe atinge, você sente uma dor intensa, mas se uma segunda flecha atingir o mesmo ponto, a dor sentida não é o dobro, mas dez vezes pior. Perder alguém que você ama é a primeira flecha. Você sente a dor aguda da perda e da tristeza. Mas preocupar-se, ficar ansioso ou ceder ao desespero são como a segunda flecha.

Quando estiver com dor, respire e reconheça essa dor, mas não a exagere. Não permita que a segunda flecha atinja você. Nossa culpa, arrependimento e remorso são as segundas flechas que frequentemente disparamos contra nós mesmos.

PEDINDO DESCULPAS A UM ENTE QUERIDO QUE JÁ PARTIU

Se dissemos algo impensado para alguém que já faleceu, como nossa avó, por exemplo, podemos começar de novo. Sentemos, pratiquemos a respiração consciente, inspirando e expirando, e peçamos para nossa avó estar presente em nós. Sorriamos para ela e sinceramente digamos: "Vovó, me desculpe. Eu não direi algo assim novamente". Então veremos nossa avó sorrindo. Essa prática nos trará paz, nos renovará e trará muita alegria e felicidade para as pessoas ao nosso redor e para as gerações futuras.

Autocuidado:
recomeçando quando um ente querido morre

A culpa, o arrependimento e o remorso podem causar um sofrimento insuportável mesmo muito tempo depois que um ente querido falece. Às vezes, carregamos esses sentimentos por muitos anos e sofremos profundamente cada vez que pensamos naquilo de que nos arrependemos.

Podemos nos arrepender de algumas coisas que dissemos, que não foram muito amáveis ou amorosas, assim como também podemos nos arrepender de algumas coisas que não dissemos à pessoa que amamos antes de ela morrer. Podemos sentir remorso por ações passadas que a magoaram ou lamentar por não termos feito algo importante que agora gostaríamos de ter feito. Frequentemente, nos arrependemos de não termos sido mais gentis com o nosso ente querido durante sua vida ou de não termos mostrado o quanto o amávamos. Agora pode ser que sintamos que é tarde demais. Mas não precisamos sentir esse tipo de arrependimento – nossos entes queridos continuam vivos em nós, e podemos falar com eles sempre que quisermos. Podemos nos desculpar por nossas falhas e pedir perdão. Podemos sorrir para eles e dizer as coisas que deveríamos ter dito, mas não tivemos a chance. Diga-as agora e eles ouvirão. Podemos começar de novo com o nosso ente querido, mesmo depois que ele tenha partido.

O PRESENTE DO PERDÃO

Quando perdemos alguém que amamos, muitas vezes nos sentimos sobrecarregados pela culpa, especialmente se a morte foi repentina, e não tivemos tempo para nos despedir. Se o nosso ente querido faleceu em um acidente, ou se sua dor e sofrimento eram tão intoleráveis que ele tirou a própria vida, podemos sentir uma dor e remorso insuportáveis.

"Eu poderia ter evitado isso?" "Por que não estive mais presente para ele?" "Como posso me perdoar pela dor que causei?" "Como posso pedir desculpas e perdão quando meu ente querido não está mais aqui?" Essas são as perguntas que as pessoas frequentemente fazem quando perdem alguém que amam.

Podemos chorar, gritar, nos jogar no chão ou nos machucar quando o outro morre, porque lembramos que, quando estava vivo, houve momentos em que não o tratamos bem. O complexo de culpa causa um sofrimento intenso.

É muito difícil admitir que estávamos ocupados, que não estivemos presentes para o nosso ente querido, que não compreendemos o seu sofrimento o suficiente.

Precisamos saber que todos cometem erros e, às vezes, são inexperientes, mas podemos aprender com esses erros. A prática da atenção plena pode transformar o passado, e a percepção da impermanência pode nos ajudar a nos libertarmos. Com essa percepção, fazemos o que for possível para fazer nossos entes queridos felizes no momento presente. Não esperamos por amanhã, porque amanhã pode ser tarde demais.

Também cultivamos compaixão por nós mesmos, perdoamo-nos e juramos que, a partir de agora, faremos melhor. Se soubermos como fazer melhor, sofremos menos imediatamente. Não sofremos mais pelo sentimento de culpa. Podemos começar a falar de forma franca e aberta sobre a morte – a morte do nosso pai, do nosso filho, do nosso parceiro, do nosso irmão. Essa é uma oportunidade para aprendermos a viver de maneira diferente. Não podemos mais ajudar nossos entes queridos que faleceram, mas ainda há tantas pessoas vivas que podemos ajudar no agora.

A verdade é que podemos nos libertar da prisão do passado. Podemos ter uma forte determinação, uma forte aspiração de sair e ajudar os outros, ajudar as pessoas necessitadas, os pobres, os doentes e os idosos, os moradores de rua, aqueles que foram abusados. Ajudar os outros é uma maneira de nos curarmos.

Autocuidado:
escrevendo uma carta para recomeçar com o seu ente querido

Para ajudar a aliviar a culpa que podemos sentir, podemos escrever uma carta de desculpas para aquele que faleceu e pedir seu perdão. Podemos chamar esse tipo de carta de carta de amor. Claro, não precisamos enviar essa carta, mas podemos colocá-la em um lugar especial – talvez em um altar que criamos para os nossos entes queridos ou ao lado de uma foto que temos deles – e de tempos em tempos podemos relê-la para regar as sementes de compaixão e perdão dentro de nós. Escrever uma carta de amor como essa pode ser muito transformador e curativo. Ela pode curar tanto nosso ente querido quanto nós mesmos.

Reserve um tempo tranquilo para escrever a carta. Antes de começar, realize a prática de olhar profundamente para dentro de si e para a natureza do seu relacionamento. Seja honesto consigo mesmo. Por que a comunicação era difícil? Por que a felicidade não foi possível em certos momentos? Olhe profundamente e pergunte a si mesmo: Qual foi a minha parcela de culpa nas dificuldades entre nós? Qual foi a parcela do outro? Quais foram as condições que levaram à dificuldade? Você consegue ver que ambos estavam fazendo o melhor que podiam com as condições que tinham?

Podemos pedir desculpas se sentirmos arrependimento ou remorso por coisas que dissemos ou fizemos, mesmo sabendo que feririam profundamente o outro. “Por favor, me perdoe. O que eu disse foi muito doloroso, e sei que causei muito sofrimento a você. Lamento profundamente o que disse e espero que possa me perdoar. Eu disse tais coisas porque estava sofrendo, mas agora vejo a situação de forma mais clara. Farei o meu melhor para não repetir os mesmos erros no futuro”. Expressar seu arrependimento ajudará a aliviar a dor que você está sentindo.

Refletindo antes de escrever a carta

Antes de escrever uma carta de amor, precisamos fazer uma reflexão profunda. Reflita profunda e honestamente sobre os pontos a seguir, fazendo anotações antes de escrever a sua carta.

Reconheça suas falhas, defeitos e todas as coisas que gostaria de ter feito de forma diferente no relacionamento com seu ente querido.

Também reconheça suas qualidades positivas, o que você fez de bom - boas intenções e palavras, ações ou pensamentos amáveis, generosos. Faça uma lista. Busque equilíbrio – faça uma lista aproximadamente igual de coisas sobre as quais você se sente bem e de outras que nem tanto.

Olhe para todas as causas e condições que ajudaram a moldar quem você é – sua infância, seus pais, a situação familiar, as escolas que frequentou, a sociedade e cultura em que cresceu.

Aprenda a aceitar que você fez o melhor que pôde, dadas as condições que tinha. Aprenda a aceitar suas imperfeições. Perdoe-se – quando há compreensão e discernimento, o perdão surge naturalmente.

Olhe profundamente para a outra pessoa da mesma maneira, buscando ver suas forças, fraquezas e desafios, ganhando, assim, mais compreensão e discernimento.

Regue as flores de seu ente querido – expresse sua gratidão e apreço por ele. Seja direto e mencione exemplos específicos das coisas pelas quais você é grato e das qualidades que admira nele.

Expresse seus arrependimentos e peça desculpas por suas falhas e erros. Novamente, seja específico.

Peça perdão e prometa que tentará fazer melhor no futuro.

Se conseguirmos escrever uma carta assim, sentiremos um grande alívio. O amor, a compreensão e a compaixão que sentimos por nós mesmos crescerão, assim como o amor, a compreensão e a compaixão pela outra pessoa. Assim, sentiremos uma conexão mais profunda, compassiva e duradoura com o nosso ente querido.

Autocuidado: cultivando a autocompaixão

Nossos entes queridos não querem que soframos depois que eles morrem – querem que sejamos felizes. Podemos nos apegar à dor, acreditando que o nosso luto profundo e desespero medem a profundidade do nosso amor pela pessoa que perdemos. Também podemos continuar a nos torturar com sentimentos de culpa, remorso e arrependimento.

Porém, a verdadeira questão não é se nossos entes queridos podem nos perdoar por nossas falhas, mas se nós podemos nos perdoar. Temos compaixão suficiente por nós mesmos? Podemos ver que estávamos fazendo o melhor que podíamos com as condições que tínhamos à época?

Para nos ajudar a cultivar a autocompaixão, precisamos olhar profundamente para dentro de nós e para o relacionamento com nossos entes queridos. Tudo é cocriado. A situação se deu por uma infinidade de causas e condições. Quando conseguimos ver que "isso aconteceu por causa daquilo", sentimo-nos mais leves. Quando entendemos que estávamos fazendo o melhor que podíamos e que estamos sempre fazendo o melhor que podemos com o que temos, sentimo-nos menos sobrecarregados. Podemos aceitar nossas falhas e nos perdoar.

Entrar em contato com a nossa criança interior pode nos ajudar a nos entendermos melhor, a aceitar nossas falhas e a cultivar a autocompaixão. A criança pequena e ferida dentro de nós sofre muito quando perdemos alguém que amamos. Essa perda retoma outras perdas anteriores e feridas não curadas, agravando a dor que sentimos. A prática da meditação guiada pode ser muito útil para estabelecer conexão com nossa criança interior e aprofundar nossa compreensão e compaixão.

Crianças são facilmente feridas. Um olhar excessivamente severo ou uma palavra ameaçadora ou repreensiva de um dos pais pode feri-las profundamente e fazê-las sentir vergonha. Aos 5 anos, éramos muito vulneráveis, frágeis e impressionáveis. As feridas e as crenças que formamos nessa época ainda permanecem dentro de nós. Por isso, precisamos ser muito gentis, amorosos e compreensivos com a nossa criança interior de 5 anos.

Nesta meditação, vamos para casa e nos conectamos com a criança de 5 anos que está dentro de nós, a criança que ainda pode estar profundamente ferida, e que negligenciamos por muito tempo. Quando nos vemos como uma criança de 5 anos, a compaixão nasce em nosso coração.

Para nos ajudar a cultivar a autocompaixão e a aprofundar nossa visão, precisamos entrar em contato com nossa criança interior e ouvi-la, não a ignorar ou abandoná-la. Compreender as suas feridas e dores dá origem à compaixão e ao amor. O amor é compreensão. Quando conseguimos tocar e reconhecer nossa dor interior, temos a chance de cuidar dela e transformá-la. Meditar sobre quem éramos quando crianças nos proporciona entendimento sobre nosso sofrimento atual.

Inspirando e expirando com atenção plena, você pode dizer:

Inspirando, vejo-me como uma criança de 5 anos.
Expirando, sorrio com compaixão para a criança de 5 anos em mim.

Inspirando, vejo como eu era inocente, vulnerável e frágil aos 5 anos.
Expirando, abraço e conforto minha criança interior ferida.

Inspirando, vejo que minha criança interior ainda está bastante viva dentro de mim.
Expirando, ouço profundamente minha criança interior.

Quando entendemos o sofrimento dos nossos pais, podemos aceitar suas falhas com mais facilidade. Isso nos ajuda a entender a raiz do nosso próprio sofrimento e também a aceitar as nossas próprias falhas com mais facilidade. Se desejar, você pode continuar a meditação pensando nos seus pais ou responsáveis como crianças pequenas. Como você, eles também foram novos, vulneráveis e eram facilmente feridos. Como você, eles podem ainda carregar feridas e sofrimentos dentro de si.

"Inspirando, vejo minha mãe, pai ou responsável como uma criança de 5 anos. Expirando, sorrio para ela/ele com compaixão", e assim por diante.

Quando estamos em contato com o sofrimento que nossos pais experienciaram quando crianças, a compaixão nasce em nossos corações. Essa compaixão tem a capacidade de nos curar e de curar nossos relacionamentos. Com compaixão e compreensão, o perdão pode surgir.

EU CAMINHO POR VOCÊ

Muitos dos meus ancestrais e muitos amigos da minha geração já faleceram. Um grande amigo meu está em uma cadeira de rodas e não consegue caminhar. Outro amigo tem tanta dor nos joelhos que não consegue subir e descer escadas. Então, eu caminho por eles. Quando respiro, digo para mim mesmo: "É maravilhoso que eu ainda possa caminhar assim". Com essa consciência, posso aproveitar cada passo. Digo: "Inspirando, sei que estou vivo! Expirando, sorrio para a vida". A atenção plena me lembra de perceber e aproveitar o fato de que meu corpo está vivo e forte o suficiente para caminhar.

Às vezes, digo que caminho pela minha mãe ou que meu pai está aproveitando a caminhada comigo. Eu caminho pelo meu pai. Eu caminho pela minha mãe. Eu caminho pelo meu professor. Eu caminho pelos meus alunos. Seu pai pode não ter sabido caminhar de forma plena e aproveitar cada momento, então você pode caminhar por ele. Dessa forma, ambos se beneficiam e experimentam a cura.

O SOFRIMENTO NÃO É SUFICIENTE

A vida é cheia de sofrimento, mas também é cheia de muitas maravilhas, como o céu azul, a luz do sol, os olhos de um bebê. A vida não é apenas sofrimento. Podemos aprender a estar em contato com as suas maravilhas. Elas estão dentro de nós e ao nosso redor, em todos os lugares, a qualquer momento.

3
Uma nuvem nunca morre

UMA NUVEM BRANCA LIVRE

Agora você está livre.
As correntes não podem mais prender o seu verdadeiro corpo.
Você retorna à sua vida como uma nuvem branca
assim como antes –
uma nuvem branca
totalmente livre
no imenso céu.

OLHE PROFUNDAMENTE PARA VER SEU AMADO EM OUTRAS FORMAS

Em um lindo dia ensolarado, você pode olhar para o céu e ver uma bela nuvem fofa flutuando. Você admira seu formato, a maneira como a luz cai sobre seus contornos e a sombra que ela projeta no campo verde. Você se apaixona por essa nuvem. Você quer que ela fique com você e te faça feliz.

Mas então, o formato e a cor da nuvem começam a mudar. O céu fica escuro, e começa a chover. A nuvem já não é mais visível para você. Ela se tornou chuva. Você começa a chorar pela volta de sua amada nuvem. Mas quando ela se transforma em chuva, você pode olhar profundamente para a chuva e ver que sua nuvem ainda está lá, rindo e sorrindo para você.

NADA MORRE, TUDO SE TRANSFORMA

Antes da nuvem aparecer no céu, ela existia de outra forma – como névoa, oceano, chuva ou rio. Se olharmos profundamente para a natureza de uma nuvem, veremos que ela não pode morrer; ela não pode passar de um estado de ser para um estado de não ser. Uma nuvem pode se tornar chuva, neve ou gelo, mas não pode se tornar nada. Então, se o céu está claro, isso não significa que sua nuvem morreu. Ela continua a existir, porém em outras formas.

Então, como pode o nosso ente querido morrer? Tudo aquilo que depende de tudo o mais. Não há começo nem fim; não há criação nem destruição de nada. Isso é verdade para o universo inteiro. Bilhões e bilhões de condições se reuniram para que nós nos manifestássemos nesta forma. Quando outras condições surgirem, nós nos manifestaremos de uma forma diferente.

Não se prenda à forma. Não se prenda aos sinais. Aprenda a olhar com "os olhos da ausência de sinais" e veja sua nuvem em suas novas formas – na chuva, no rio, no seu chá.

Se você perdeu alguém e sofreu muito, por favor, olhe profundamente e reconheça que a verdadeira natureza do seu ente querido é a natureza do não nascimento e da não morte, do não vir e do não ir.

PERMITA-SE SENTIR FELICIDADE

Não precisamos esperar pelo fim de todo o nosso sofrimento para podermos sentir felicidade novamente. Temos permissão para nos sentirmos felizes agora. Mas talvez precisemos mudar nossa ideia de felicidade para reconhecer que ela está disponível aqui e agora. Essa ideia pode ser o próprio obstáculo que nos impede de alcançar a verdadeira felicidade.

As flores de lótus precisam de lama para crescer; elas não podem crescer no mármore. Sem o sofrimento, a felicidade não é possível. Então, se você sabe como sofrer, não sofra tanto assim; do nosso sofrimento, uma flor de lótus de felicidade pode crescer.

Podemos usar o nosso sofrimento para gerar felicidade, compreensão e amor. Quando o abraçamos e olhamos profundamente para ele, podemos entendê-lo melhor e também podemos entender melhor o sofrimento dos outros. Com isso vem a compaixão e o perdão.

A compreensão e o amor são a base da felicidade. Ao abraçar nosso sofrimento, entendê-lo e cuidar dele, o amor e a compaixão serão gerados.

Então, vemos que felicidade e sofrimento são duas faces da mesma moeda. Eles coexistem. Não podemos ter um sem o outro.

Autocuidado: relaxamento profundo e restaurador

Quando caímos, sentimos dor física. Quando estamos tristes ou ansiosos, chamamos isso de dor emocional. Mas a mente e o corpo não são separados, e o sofrimento não é apenas uma emoção. Quando passamos por uma perda profunda, especialmente se foi repentina e traumática, o choque pode ficar armazenado em nosso corpo. Guardamos nosso sofrimento em cada músculo e em cada célula. A prática de relaxamento profundo é uma maneira de reconhecer e aliviar o sofrimento tanto do corpo quanto da mente. Tiremos um tempo para estarmos presentes para nós mesmos, oferecendo ternura, amor e cuidado.

O relaxamento profundo começa com a observação da respiração. Podemos fazer isso sentado ou deitado, mas deitar no chão nos permite sentir mais facilmente as diferentes partes do nosso corpo enquanto entregamo-nos à força suave da gravidade e à terra abaixo de nós. Em um momento em que podemos sentir-nos vulneráveis, feridos ou anestesiados pelo choque, deitar no chão nos ajuda a nos conectar com a força e a solidez da terra, além de entrarmos em contato com sua energia calmante e curativa.

Como relaxar profundamente

Deite-se confortavelmente de costas, com as pernas e os braços estendidos. Esteja consciente do ar que entra e sai do seu corpo. Sinta o seu abdômen subindo e descendo suavemente. A cada expiração, permita-se relaxar um pouco mais e liberar a tensão que está sentindo. Esteja consciente de todos os pontos de contato entre o seu corpo e o chão.

Agora, traga sua atenção para a cabeça. Sinta o peso da sua cabeça e imagine que ela está afundando no chão. Expire e relaxe. Traga sua atenção para os seus olhos. "Inspirando, estou consciente dos meus olhos. Expirando, sorrio para meus olhos com gratidão e amor". Sinta a energia curativa da gratidão surgir em você, pois – não importa o quão fraca seja sua visão – seus olhos permitem que você experimente uma infinidade de cores e formas: o céu azul, o sol poente, as árvores verdes e os rostos das pessoas que você ama.

Depois, traga sua atenção para o nariz, para a boca, a garganta, os ombros, as costas, e continue descendo até os dedos dos pés. Você está fazendo uma varredura do seu corpo, não com um raio-X, mas com o raio da atenção plena. Passe por todo o seu corpo, trazendo sua atenção para cada parte e cada órgão, relaxando e enviando energia de cura e amor. "Inspirando, estou consciente do meu coração. Expirando, sorrio para o meu coração com amor e compaixão. Envio ao meu coração energia de cura e amor e me sinto grato por ter um coração. Meu coração bate dia e noite por mim, mantendo-me vivo. Mesmo que ele doa ou não funcione tão bem quanto antes, sou tão grato por tê-lo. Peço desculpas pelas muitas formas com que o maltratei no passado e pelas vezes em que não o ouvi. Muitas vezes, esqueço-me de que tenho um coração e o dou por certo. Mas agora, prometo cuidar bem de você. Obrigado por estar aqui para mim."

TOCANDO O ÚLTIMO

Uma vez, quando estava prestes a pisar em uma folha seca, vi essa folha na dimensão última de sua realidade. Vi que ela não estava realmente morta, mas se fundindo com o solo úmido e se preparando para surgir na árvore na primavera seguinte. Sorri para ela e disse: "Você está fingindo".

Tudo está fingindo nascer e morrer. Quando as condições são suficientes, o corpo se revela, e então dizemos que ele existe. Quando as condições não são suficientes, o corpo não pode ser percebido por nós, e então dizemos que ele não existe mais. No entanto, o dia daquilo que chamamos de nossa morte é o dia da nossa continuação em muitas outras formas. Se você souber como tocar seu ente querido na dimensão última, ele sempre estará lá com você e dentro de você. Essa é uma prática profunda e pode aliviar o nosso sofrimento quando perdemos alguém.

VOCÊ E SEU ENTE QUERIDO NUNCA ESTARÃO SEPARADOS

Quando olhamos profundamente para uma flor, podemos ver que ela é feita de muitos elementos diferentes. Na verdade, ela é feita exclusivamente de elementos que, por si só, não são flores. O universo inteiro pode ser visto em uma flor. Podemos ver a luz do sol que a ajudou a crescer, a chuva, o solo, a semente e até o jardineiro. Se tirássemos qualquer um desses elementos, não restaria flor alguma. A flor não existe sozinha; ela está interconectada de forma inseparável com tudo o que existe.

Assim como a flor, nós também somos feitos apenas de elementos que não correspondem a nós mesmos. Somos feitos da chuva, do sol, da terra, dos nossos pais, da nossa sociedade. Se removermos qualquer um desses elementos, nós não existiríamos. E, assim como a flor, estamos interconectados com todos os outros seres e com todo o cosmos. Você não pode estar sozinho. Você precisa estar em inter-relação com tudo o mais. Nada existe por si só, todas as coisas estão interconectadas.

SEU ENTE QUERIDO SEMPRE ESTARÁ COM VOCÊ

Ao se estabelecer no momento presente e tocá-lo profundamente, é possível alcançar uma compreensão profunda de quem você é. Se estou realmente em contato comigo mesmo, descubro que, ao mesmo tempo, sou o sol, sou uma nuvem, sou a terra, um rio, uma montanha, um esquilo, uma árvore. Tudo está em tudo. Eu poderia estar aqui sem o esquilo, sem a montanha, sem a nuvem? Se você tirasse a montanha de mim, eu não estaria mais aqui. Se você tirasse a nuvem de mim, eu também não estaria aqui, porque na verdade sou todas essas coisas.

Sou a nuvem, o esquilo, o cervo, a montanha. Sou o meu ente querido. Você não pode tirar meu ente querido de dentro de mim. Essa é a visão da interexistência, a qual alcanço quando toco profundamente o momento presente. Quando você toca o uno, você toca o todo.

Se você consegue se ver como uma folha, uma flor, como uma linda nuvem no céu, entenderá facilmente que você nunca nasceu, não veio de lugar algum e nunca morrerá. E você nunca poderá estar sem aqueles que ama.

Quando chove,
pensamos que não há sol.
Mas acima das nuvens,
o sol brilha intensamente no céu azul.

DIMENSÃO RELATIVA E DIMENSÃO ÚLTIMA DA REALIDADE

Naquilo que chamamos de dimensão histórica, temos certidões de nascimento e de óbito. No dia em que alguém amado falece, você sofre. Se alguém se senta perto de você e demonstra sua preocupação, você sente algum alívio.

Você tem sua amizade, seu apoio, sua mão quente para segurar. Este é o mundo das ondas. Ele é caracterizado pelo nascimento e pela morte, por altos e baixos, pelo ser e não ser.

Uma onda tem um começo e um fim, mas não podemos atribuir essas características à água. No mundo da água, não há nascimento ou morte, não há ser ou não ser, não há começo ou fim. Quando tocamos a água, tocamos a realidade em sua dimensão última e somos liberados de todos esses conceitos.

O TIPO MAIS PROFUNDO DE ALÍVIO

Meditação é viver profundamente cada momento da vida. Através da meditação, vemos que as ondas são feitas de água, e que as dimensões histórica e última da realidade são uma só. Mesmo vivendo no mundo das ondas, tocamos a água, sabendo que uma onda não é nada além de água. Sofremos se tocamos apenas as ondas. Mas, se aprendermos a manter contato com a água, sentimos um grande alívio.

Vemos a prática como uma busca por alívio na dimensão histórica. Acalmamos nosso corpo e mente e estabelecemos nossa quietude, frescor e solidez. Praticamos a bondade amorosa, a concentração e a transformação da nossa raiva. Com isso, sentimos algum alívio.

Mas quando tocamos a dimensão última da realidade, obtemos o tipo mais profundo de alívio. Cada um de nós tem a capacidade de tocar o nirvana e ser livre das ideias de nascimento e morte, de um e vários, de vir e ir.

Autocuidado: tocando a terra

Muitas tradições espirituais têm a prática de se ajoelhar na terra ou de tocá-la para expressar respeito e humildade, buscar consolo e se reconectar consigo mesmo e com ela. Tocar a terra pode ser considerado por alguns uma prática devocional, mas isso não é necessariamente o caso. Tocá-la é um ato de profunda rendição. Viemos da terra e voltaremos para ela, então, quando nos ajoelhamos e nos curvamos ou quando nos deitamos e a tocamos, redemo-nos por inteiro a ela.

Nós nos entregamos e liberamos todo o nosso sofrimento e tristeza e, acima de tudo, liberamos a noção de que somos um ser separado. A terra aceita e transforma tudo o que recebe, sem discriminação. Em troca, nós nos beneficiamos de sua energia saudável e curadora, permitindo que o bálsamo de sua compaixão penetre em nosso coração. Recebemos da terra sua solidez, sua energia poderosamente regeneradora, criativa e curativa.

Todos nós já testemunhamos como a terra pode pegar lixo, resíduos ou adubo e transformá-los em lindas flores. Sabemos que também temos essa capacidade. A terra nos abraça e nos ajuda a transformar nosso sofrimento e desespero.

Como tocar a terra

Onde quer que estejamos, seja em uma sala de meditação, em um lugar tranquilo em nossa casa, diante de nosso altar ou santuário, ou em um lugar pacífico na natureza, podemos nos deitar sobre a terra para receber sua força, estabilidade e paciência. Podemos ficar de joelhos, curvados com a testa no chão – semelhante à postura da criança no yoga, com os braços estendidos à frente de nós. Se preferir, pode deitar de barriga para baixo, com os membros esticados. Enquanto tocamos a terra, seguimos suavemente nossa respiração e nos conectamos com nosso corpo, com nossos ancestrais animais, vegetais, minerais e com a terra abaixo de nós. Liberamos toda a nossa tristeza, medo e preocupação. Liberamos toda a tensão em nosso corpo e mente. Mantemos uma atitude aberta e receptiva. Sabemos que a terra pode absorver nosso sofrimento e negatividade sem reagir ou nos julgar. Dessa forma, conseguimos transformar em nosso interior aquilo que é doloroso e difícil. Com essa prática, cultivamos um relacionamento com nós mesmos e também com a terra e, ao fazer isso, restauramos nosso equilíbrio, nossa integridade e nossa paz.

Toque a terra em silêncio e permaneça nessa posição por pelo menos três respirações longas e profundas. Quanto mais tempo permanecer em contato com ela, mais fácil será deixar ir qualquer tensão, dor ou sofrimento e relaxar em um estado de completa rendição e paz.

Tocando a terra, chamando nossos ancestrais

Em tempos de grande sofrimento, podemos apelar para todos os ancestrais terrestres, espirituais e de sangue que existem em nós para nos dar o seu apoio.

Enquanto você está deitado no chão, com as palmas das mãos voltadas para cima em uma posição de rendição, imagine que uma mão representa sua mãe; e a outra, o seu pai. Isso não é apenas imaginação – suas mãos realmente são as mãos de seu pai, as mãos de sua mãe, as mãos de seu avô e assim por diante. Se olhar profundamente, você pode ver isso de forma clara. Suas mãos não são apenas suas. Elas vieram até você de todos os seus ancestrais.

Agora, traga à mente todas as qualidades positivas de sua mãe e de seu pai – sua sabedoria, força, habilidades e talentos, sua compaixão – e sinta essas qualidades dentro de si. Considere todas as suas fraquezas e limitações – que também são suas – e libere-as para a terra, para serem transformadas. Permita-se ser fortalecido, nutrido e confortado pelas qualidades positivas de seus pais e ancestrais, liberando o seu sofrimento e o deles na terra.

Quando se sentar, olhe profundamente para suas duas mãos para ver as mãos de seus pais ou de seus avós. Então, una as palmas das mãos para unir as qualidades de seus pais presentes em você; coloque seu rosto nas mãos deles ou cruze os braços sobre o coração para se dar um abraço. Sinta sua mãe e seu pai, sua avó e seu avô e todos os seus ancestrais abraçando e apoiando você. Permita-se ser acolhido e confortado por eles.

DAS CINZAS ÀS CINZAS

Quando dizemos que os humanos se transformam de cinzas em cinzas ou de pó em pó, isso não soa muito alegre ou reconfortante, porque nenhum de nós quer vir do pó ou retornar a ele. Mas é a nossa mente preconceituosa que pensa dessa forma, porque não sabemos o que o pó realmente é. Para os cientistas, um grão de pó é incrivelmente empolgante. Cada átomo é um vasto mistério. Ainda não entendemos completamente os átomos, elétrons e núcleos. Uma partícula de pó é uma maravilha.

NÓS SOMOS A VIDA

Temos o hábito de nos identificar com nossos corpos. A ideia de que somos este corpo está profundamente enraizada em nós. Mas nosso ente querido não é apenas seu corpo; ele é muito mais do que isso. Segundo o filósofo francês do século XX Jean-Paul Sartre, "*L'homme est la somme de ses actes*" (o homem é a soma de seus atos). Somos a soma de nossas ações. Isso é o que o karma significa: ação. Nossos pensamentos, palavras e ações físicas são o nosso karma. Somos a soma dessas três coisas, e elas nos dão continuidade no futuro, além de ter um efeito sobre os outros e sobre o mundo em todos os momentos, mesmo enquanto estamos vivos. Elas são o nosso verdadeiro legado.

A ideia de que "este corpo sou eu e eu sou este corpo" é uma crença que devemos deixar ir. Se não fizermos isso, sofreremos muito. Somos a vida, e a vida é muito mais vasta do que este corpo, este conceito, esta mente.

NÃO SOMOS LIMITADOS À NOSSA EXPECTATIVA DE VIDA

A maioria de nós acredita que passaremos setenta, oitenta, noventa ou cem anos neste planeta e, depois disso, iremos embora. Mas, quando olhamos profundamente, percebemos que essa é uma percepção equivocada.

Nossa expectativa de vida não se limita a setenta, oitenta ou cem anos, e isso é uma boa notícia. Seu corpo não é o seu eu; você é muito mais do que este corpo. Você é a vida sem limites.

Não estamos limitados ao nosso corpo físico, mesmo enquanto estamos vivos. Nós coexistimos com nossos ancestrais, com nossos descendentes e com todo o cosmos. Não temos um eu separado; estamos interconectados com toda a vida, e nós, assim como tudo que existe, estamos sempre em transformação.

A MORTE TORNA A VIDA POSSÍVEL

A vida é feita de morte, e a morte é feita de vida. Precisamos aceitar a morte; ela torna a vida possível. As células do nosso corpo morrem todos os dias, mas nunca pensamos em organizar funerais para elas. A morte de uma célula permite o nascimento de outra. Vida e morte são dois aspectos da mesma realidade. Essa meditação profunda gera ausência de medo, de raiva e de desespero.

UMA NUVEM NUNCA MORRE

Em nossa mente, morrer significa que, de algo, você se torna nada; de alguém, você se torna ninguém. Mas, se olharmos profundamente, veremos que a realidade não é essa. A nuvem não vem do nada. Ela vem da água dos rios, lagos, oceanos e do calor do sol. Da mesma forma, acreditamos que nascer significa que, do nada, nos tornamos algo; de ninguém, nos tornamos alguém. Você não veio do nada antes de nascer e não pode se tornar nada quando morre. Assim como a nuvem, sua natureza e a natureza de seus entes queridos também é a natureza de não nascimento e não morte.

Você pode lidar com a morte em paz se souber como tocar sua verdadeira natureza de não nascimento e de não morte. Uma gota de chuva que cai no chão desaparece rapidamente. E, ainda assim, de alguma forma, ela continua lá, mesmo que seja absorvida pelo solo e não seja mais visível. Se ela evapora, ainda está presente no ar – transformou-se em vapor. Você não vê mais a gota d'água, mas isso não significa que ela não esteja lá. Uma nuvem pode se transformar em chuva, neve ou gelo, mas não pode se transformar em nada. Uma nuvem nunca pode morrer.

NOSSA VERDADEIRA NATUREZA

Aqueles de nós que perderam um ente querido sabem o que é o luto. Mas, se você souber olhar com os olhos da ausência de sinais – se não estiver preso à forma de seu ente querido – poderá superar sua dor e tristeza. Você é capaz de ir além das formas e sinais para compreender que nada nasce e nada morre. Existe apenas transformação. Tudo continua em uma nova forma. Você também é assim. Sua natureza é a natureza da imortalidade.

Assim que as noções de nascimento e morte desaparecem, a verdadeira vida nasce.

MORRER NÃO SIGNIFICA PARTIR

O cientista francês do século XVIII, Antoine Lavoisier, fez a famosa afirmação: "*Rien ne se crée, rien ne se perd; tout se transforme*" - nada se cria, nada se perde; tudo se transforma. A matéria pode se tornar energia, e a energia pode se transformar em matéria, mas não podemos criar ou destruir nenhuma delas. Da mesma forma, nosso ente querido simplesmente assumiu outra forma. Podemos vê-lo em tudo - em uma nuvem, em uma criança, na brisa.

Sorrindo, podemos dizer: "querido(a), eu sei que você está aí, muito perto de mim. Sei que sua natureza é a natureza de não nascimento e não morte. Sei que não o(a) perdi; você está sempre comigo".

Se olhar profundamente, você verá seu ente querido em cada momento de seu cotidiano. A verdadeira natureza dele(a) é a natureza de não nascer e de não morrer, de não chegar e de não partir.

NOSSOS PENSAMENTOS, PALAVRAS E AÇÕES PERMANECEM VIVOS

Os pensamentos e sentimentos que enviamos ao mundo têm um efeito poderoso. Cada pensamento que produzimos, tudo o que pensamos, dizemos e fazemos é uma ação. Essas ações continuam para sempre. Elas não podem desaparecer, mas, assim como a nuvem, podem se transformar.

Então, quando este corpo se desintegra, isso não é o fim. Este corpo é apenas uma parte muito pequena de você. O que você produz todos os dias, em termos de pensamentos, palavras e ações, já está no mundo e não pode ser retirado ou desfeito. Você pode não ser capaz de vê-lo, assim como não vê o vapor de água que eventualmente formará uma nuvem, mas ele está lá. Portanto, ao olhar para o seu corpo, lembre-se de que ele é apenas uma parte muito pequena de você. A maior parte de você já está no mundo.

Não precisamos esperar pela completa desintegração deste corpo para começarmos a nos ver nos outros, assim como uma nuvem não precisa ser completamente transformada em chuva para perceber que parte de si já está na Terra em forma de um rio, parte de si já está caindo como chuva, e parte de si ainda é uma nuvem no céu. A nuvem sorri para si mesma assim como para a chuva e para o rio e diz: "Aproveite sua jornada! Em breve, eu me juntarei a vocês".

Os frutos dos nossos pensamentos, palavras e ações são o que nos dá continuidade quando este corpo se desintegra. Eles carregam nossa assinatura. Quando o corpo de um ente querido se desintegra, são seus pensamentos, palavras e ações que continuarão presentes. Tudo o que ele(a) já disse, pensou ou fez teve um impacto nos outros e no mundo. Isso é o que continua em muitas manifestações diferentes. Todas as aspirações mais profundas, crenças, pensamentos, palavras e ações de seu ente querido se manifestarão em inúmeras formas novas e maravilhosas. É aí que você pode encontrá-lo(a).

Autocuidado:
vendo o seu ente querido vivo em você e ao seu redor

Traga à mente todas as pessoas que seu ente querido conheceu e com quem teve contato ao longo de sua vida – seus amigos, sua família (filhos, pais, irmãos), pessoas com quem trabalhou, colegas de escola – e faça uma lista ou um diagrama com as muitas relações que eles tiveram. Olhe profundamente para ver como seu ente querido ainda está vivo em todas essas pessoas, assim como em você.

Se possível, converse com algumas dessas pessoas. Peça para que lhe compartilhem histórias. O que elas mais lembram? O que elas mais valorizam sobre seu ente querido? Isso é nutritivo e curador tanto para você quanto para a outra pessoa. Sempre que sentir saudade do seu ente querido, fale com alguém que o conhecia bem.

Que ideias você herdou do seu ente querido? Lembre-se do trabalho que ele(a) realizou, dos projetos que completou, dos atos de bondade que praticou. Relembre todas as formas como ele(a) mudou o mundo, não importa o quão grandes ou pequenas tenham sido essas mudanças. Muitas vezes, são as pequenas coisas que mais nos tocam profundamente.

* * *

Às vezes, sabemos exatamente como nosso ente querido se sentiria sobre algo – se ele(a) gostaria deste alimento ou bebida, deste livro ou filme, desta paisagem, desta pessoa ou atividade. Mantenha um diálogo aberto com seu ente querido. Você pode perguntar se eles gostariam do sabor da comida que você está comendo. Se gostariam de ir a este ou àquele lugar com você. Essa é uma maneira de manter a conexão viva entre vocês. Você também pode pedir a opinião deles sobre decisões importantes e pode se surpreender ao perceber que eles lhe darão bons conselhos.

Quais são as coisas mais memoráveis que seu ente querido já lhe disse? Quais são algumas das coisas mais gentis, generosas, corajosas e aventureiras que ele(a) fez?

***

Às vezes, não conseguimos transformar nosso luto por acreditarmos que nosso ente querido sofreu terrivelmente durante sua vida. Isso pode ser verdade, mas não é a verdade completa. Houve momentos em que seu ente querido não sofreu, momentos em que estava feliz, saudável e aproveitando a vida. Precisamos ter uma visão mais equilibrada. Tente recordar os momentos felizes, os momentos de alegria, todas as vezes em que viu seu ente querido rir e ser feliz. Quanto mais você refletir sobre isso, mais momentos felizes virão à sua mente. Isso pode nos trazer grande alívio.

TOCANDO AS MARAVILHAS DA VIDA

Quando você tiver um momento sozinho, talvez queira usar esse tempo para voltar para si mesmo e tocar as maravilhas da vida. Em vez de se deixar levar pelo passado ou pelo futuro, ou ser levado por distrações ou emoções fortes, preste atenção na sua respiração e volte-se inteiramente para o momento presente.

Respiramos o dia todo, mas não estamos conscientes de que estamos inspirando e expirando. "Inspirando, sei que estou vivo. Expirando, sorrio para a vida". Essa é uma prática muito simples. Se voltarmos para nossa respiração, inspirando e expirando com atenção plena, tornamo-nos plenamente vivos no aqui e agora.

Na nossa vida diária, nossos corpos estão presentes, mas nossas mentes podem estar em outro lugar, presas em nossas preocupações e ansiedades. A vida só está disponível no momento presente. O passado já se foi; o futuro ainda não chegou. Quando nos estabelecemos no momento presente, somos capazes de viver profundamente nossa vida e entrar em contato com os elementos curadores, refrescantes e nutritivos que estão sempre dentro de nós e ao nosso redor.

Cada segundo da vida está cheio de joias preciosas. Essas joias são nossa consciência da respiração, do corpo, dos sentimentos, da terra, do céu, das árvores, do rio, do oceano, dos pássaros e dos outros animais – de todos os milagres dentro de nós e ao nosso redor.

GRATIDÃO PELA VIDA

A semente do sofrimento pode estar forte agora, mas não espere até não haver mais sofrimento para permitir-se ser feliz. Você não precisa esperar dez anos para experimentar a felicidade. Ela está presente em cada momento do seu cotidiano; só precisamos reconhecer as condições que estão disponíveis para podermos alcançá-la.

Existem aqueles de nós que estão vivos, mas não apreciam o milagre da vida. Quando respira e está consciente da sua inspiração, você toca o milagre de estar vivo. Estar vivo é uma verdadeira fonte de alegria e felicidade.

As condições para nossa felicidade já são suficientes. Só precisamos nos permitir estar plenamente vivos no momento presente, que seremos capazes de tocá-las. A atenção plena é a lâmpada que acendemos e que nos permite reconhecer que temos muitas condições para a felicidade, mesmo em meio ao sofrimento.

GIRASSÓIS EM ABRIL

No verão, as colinas ao redor de Plum Village estão cobertas com centenas de milhares de girassóis. Mas, se você vier no mês de abril, as colinas estarão nuas. No entanto, quando os agricultores caminham pelos seus campos, já podem ver os girassóis. Eles sabem que o solo foi preparado, as sementes foram plantadas, as chuvas são boas, que todas as condições são suficientes, exceto uma. A condição que falta é o tempo. Com o tempo, o calor dos meses de verão permitirá que os girassóis cresçam e floresçam. Os girassóis dependem de muitas condições para se manifestarem, não apenas uma, e todas são igualmente importantes. Nos girassóis, vemos a terra, os minerais, o agricultor, assim como o tempo e o espaço. Quando todas as condições necessárias se juntam, os girassóis se manifestam. Quando as condições não são suficientes, eles se escondem.

Quem pode dizer que seu ente querido faleceu? Quando você toca seu ente querido na dimensão última, vê que ele(a) ainda está com você. O mesmo é verdadeiro para uma flor. Uma flor pode fingir nascer, mas ela sempre esteve lá em outras formas, no solo, na chuva, na luz do sol. Mais tarde, a flor pode fingir morrer, mas está apenas brincando de esconde-esconde. A flor se revela a nós e depois se esconde novamente. Se estivermos atentos, podemos vê-la quando quisermos.

Precisamos reconhecer a natureza interexistente de tudo o que existe. À óptica da interexistência, vida e morte não são separadas. Elas coexistem e são interligadas. Não podemos ter uma sem a outra, assim como não podemos ter felicidade sem sofrimento, escuridão sem luz. Elas se apoiam e se contêm mutuamente.

VIVEMOS POR AQUELES QUE JÁ MORRERAM

Quando ocorre um desastre natural, em tempos de guerra e genocídio, quando atrocidades são cometidas e centenas de milhares de pessoas morrem, as pessoas de todos os lugares sofrem, mesmo aquelas que estão do outro lado do mundo. Todos nós sofremos quando tantas pessoas morrem, mesmo que não estejamos diretamente envolvidos. Podemos nos perguntar como Deus pôde permitir que tantas coisas terríveis acontecessem. Por que bebês, crianças e tantas outras pessoas precisam morrer? Por que eles e não nós? Fazemos tantas perguntas, mas não obtemos respostas. Nós apenas sofremos.

Eu também sofro, assim como você. Mas eu pratico. Sento-me e pratico olhar profundamente. Vejo que, quando outros morrem, nós também morremos, porque estamos profundamente interconectados. Quando aquele que você ama morre, de alguma forma, você morre com ele. Sabendo que eles não podem mais viver, precisamos viver. Precisamos viver de maneira que um futuro seja possível para nossos filhos e para os filhos deles. A maneira como escolhemos viver nossa vida após a partida daqueles que amamos pode dar significado à sua morte. Essa é a visão da interexistência – tudo está em tudo. Eles são nós e nós somos eles. Quando eles morrem, uma parte de nós morre também. Quando continuamos a viver, eles continuam a viver conosco.

Com essa consciência, não sofremos mais. Sabemos como dar continuidade e como carregá-los para o futuro conosco, criando um futuro brilhante para eles. Com essa consciência, experimentamos a paz.

EMITIMOS LUZ AO NOSSO REDOR

Somos como velas. Emitimos luz ao nosso redor, irradiando em todas as direções. Todos os nossos pensamentos, palavras e ações são a nossa luz. Se dizemos algo gentil, nossas palavras gentis se espalham em muitas direções, e seguimos junto com elas. Os pensamentos e atos gentis de quem amamos também viajam em muitas direções, sem fim. Estamos nos transformando e sendo continuados em diferentes formas a cada momento.

Nossos pensamentos, palavras e ações são o nosso legado. Eles continuam a viver muito depois de não estarmos mais aqui.

NADA ESTÁ PERDIDO

Você já brincou com um caleidoscópio? Quando olha através de um caleidoscópio, você vê uma bela imagem com muitas cores. Basta um pequeno movimento para que algo milagroso apareça. Um espetáculo de cores e formas se revela, uma manifestação incrível. Você se maravilha com essa imagem deslumbrante por um ou dois segundos e, então, gira o caleidoscópio de novo, e outra manifestação igualmente impressionante surge. Devemos chorar toda vez que uma dessas manifestações chega ao fim? Não há necessidade de sofrer ao perder uma dessas belas imagens, porque agora há uma nova imagem para apreciar.

Em nossa forma atual, somos uma bela manifestação que a Mãe Terra ajudou a criar. Quando essa manifestação acabar, nós nos manifestaremos de outra maneira. Ser uma nuvem pode ser maravilhoso, mas ser a chuva caindo sobre a Terra também é maravilhoso.

As coisas se manifestam, depois desaparecem e se manifestam novamente em outra forma – milhares e milhares de vezes. Se você olhar profundamente, verá essa realidade. Nós nos manifestamos e depois desaparecemos. Nada está perdido. Nada nasce e nada morre. É um jogo de esconde-esconde. Não há criação, apenas manifestação. Não há morte, apenas transformação.

VOCÊ NÃO PODE MATAR NINGUÉM

Martin Luther King Jr., Gandhi, John F. Kennedy e até Jesus Cristo foram mortos por pessoas que sofreram enormemente, por pessoas que acreditavam que poderiam matar esses grandes líderes e tudo o que eles representavam. Mas o que elas não perceberam é que não podemos matar ninguém. Você não pode matar Martin Luther King Jr., Jesus ou Gandhi. Após suas mortes, eles se tornaram maiores, mais fortes e mais vivos do que antes.

Você não pode morrer e não pode matar ninguém. Martin Luther King Jr., Jesus Cristo e Gandhi continuam muito vivos em cada um de nós.

A ÁGUA E A ONDA

Devemos ser capazes de tocar ambas as dimensões da vida: a histórica e a última. A onda existe na dimensão histórica, onde há nascimento e morte, altos e baixos, dentro e fora, enquanto a água pertence à dimensão última, ao nirvana. Na dimensão última, não há mais nascimento ou morte, começo ou fim. Geralmente estamos apenas em contato com a onda, mas quando descobrimos como tocar a água, recebemos o mais alto fruto que a meditação pode oferecer.

Quando a onda olha para si mesma e percebe que é tanto onda quanto água, não tem mais medo de morrer. Ela vê como nasce, cresce, quebra e morre, mas também percebe que o seu conteúdo está presente em todas as outras ondas. A base de seu ser, assim como a base de todas as ondas, é a água. Com esse entendimento, ela toca a dimensão última e se liberta de todo medo do nascimento e da morte.

Pratique como uma onda. Reserve um tempo para olhar profundamente para dentro de si e reconhecer que sua verdadeira natureza é a natureza do não nascimento e da não morte. Com esse entendimento, você pode alcançar a liberdade e a ausência de medo. Se você carrega uma tristeza profunda dentro de si, se perdeu alguém amado, ou se é habitado pelo medo da morte, do esquecimento ou da aniquilação, por favor, adote esse ensinamento e comece a praticá-lo, lembrando-se de que, enquanto vive a vida de uma onda, você também é a água. Ao tocarmos a água e compreendermos a verdade mais profunda do não nascimento e da não morte, podemos alcançar a paz.

ALCANÇANDO O NIRVANA

A onda pode viver sua vida como onda e, ao mesmo tempo, viver a vida como água. Ela não precisa morrer para se tornar água, porque já é água no momento presente.

Nirvana significa a extinção de todas as noções e conceitos, incluindo os conceitos de nascimento e morte, ser e não ser, vir e ir, mas não significa a extinção da vida. Nirvana é a dimensão última da vida, um estado de frescor, paz e alegria. Não é um estado a ser alcançado após a morte. Você pode tocar o nirvana agora mesmo, respirando, caminhando e bebendo seu chá com atenção plena. Tudo e todos estão habitando no nirvana. Você tem sido "nirvanizado" desde o não começo do tempo!

Se conseguirmos viver nosso cotidiano de forma profunda, seremos capazes de tocar o nirvana aqui e agora.

Sem vir, sem ir.
Sem depois, sem antes.
Eu te mantenho perto de mim.
Eu te liberto para ser livre,
porque estou em você
e você está em mim.

4
Conectando-se com a vida

A terra nos dá a vida
e nos nutre.
A terra nos acolhe de volta novamente.

A NATUREZA SEMPRE ESTARÁ AQUI POR NÓS

Podemos aprender muito com as qualidades curativas da terra. A terra é firme. Ela incorpora perseverança, equanimidade e paciência diante dos desafios. Nós também temos essas qualidades. A terra está bem aqui, dentro de nós e ao nosso redor. Ela nos apoia de maneiras muito concretas e tangíveis. Ela nos dá à luz e nos sustenta com seus preciosos dons de ar, água, terra e fogo.

Quando sofremos, a terra nos abraça, ajudando-nos a restaurar nossa energia e a recuperar a nossa força. Quando entendermos nossa profunda conexão com a terra, teremos amor e força suficientes para continuar.

Quando sofremos, precisamos de amor e de compreensão, mas, muitas vezes, esperamos que outra pessoa nos dê todo esse amor, compaixão e compreensão que desejamos. Não percebemos que podemos cultivá-los por nós mesmos. A natureza pode nos ajudar a cultivar esses sentimentos. Ela é generosa e abundante – está sempre disponível para nós. Ela nos fornece tudo aquilo de que precisamos.

O DENTE-DE-LEÃO ESTÁ SORRINDO PARA VOCÊ

Ao fim de um retiro na Califórnia, um amigo escreveu este poema:

Perdi o meu sorriso, mas não se preocupe.
O dente-de-leão o tem.

Se você perdeu seu sorriso e, mesmo assim, ainda é capaz de ver que um dente-de-leão está guardando-o para você, há esperança. Você ainda tem consciência suficiente para perceber que seu sorriso está em algum lugar.

O dente-de-leão faz parte da sua comunidade de amigos. Ele está ali, silencioso e fiel, guardando o seu sorriso até que você possa sorrir novamente.

Na verdade, tudo ao seu redor está guardando o seu sorriso para você. Você não precisa se sentir sozinho ou isolado. Basta se abrir para o apoio que está por toda parte – e em seu interior.

VENDO O BEM EM NOSSO ENTE QUERIDO

Quando praticamos a arte de viver com atenção plena, regamos os elementos positivos em nós mesmos e nos outros. Percebemos que nosso ente querido, assim como nós, tem tanto flores quanto lixo dentro de si, e aceitamos isso. Nossa prática é regar as flores daqueles que amamos, em vez de trazer-lhes mais lixo.

Quando tentamos cultivar flores, mas elas não crescem bem, não as culpamos nem discutimos com elas. A memória de nosso ente querido é como uma flor. Se cuidarmos bem, ela crescerá linda. Se nós a negligenciarmos, ela murchará. Para ajudar uma flor a crescer bem, precisamos compreender a sua natureza.

Autocuidado:
fazendo um altar para o seu ente querido

Quando perdemos alguém que amamos, muitas vezes sentimos a necessidade de expressar nosso profundo amor e gratidão por essa pessoa. Queremos oferecer algo a ela e manter viva a sua memória.

Criar um santuário ou um altar em casa é uma forma concreta de demonstrar nosso amor e cuidado, além de nos ajudar a sentir uma conexão contínua. Podemos montar uma pequena mesa e colocar uma fotografia, uma vela, flores e outros objetos significativos. Se tivermos uma tradição espiritual, podemos incluir itens que a representem. Também podemos colocar elementos da natureza, como uma pedra, uma folha, uma concha ou uma flor. Algo que tenha tido um significado especial para quem partiu também pode ser incluído.

Para fortalecer essa conexão e manter o vínculo, podemos escrever para o nosso ente querido – algumas palavras, uma carta de amor, uma mensagem de gratidão ou até um pedido de desculpas – e colocar esse escrito junto ao altar. Algumas pessoas gostam de acender uma vela, oferecer incenso, flores ou até mesmo a comida favorita da pessoa homenageada. Em datas especiais, como cerimônias durante o período de luto, aniversários ou o dia de falecimento, podemos preparar os pratos ou doces preferidos da pessoa e colocá-los no altar. Depois da cerimônia, todos podem compartilhar essa refeição, criando um momento de intimidade e alegria.

* * *

Colocar objetos em um altar não significa que estamos adorando essas coisas. Criar e manter um altar em casa é uma forma de demonstrar respeito, amor e gratidão por quem amamos, por nossos ancestrais e pelo mundo ao nosso redor. Isso nos ajuda a lembrar que tudo o que amamos, respeitamos e cuidamos profundamente também existe dentro de nós.

Mantenha o altar sempre revigorado e bonito, limpando-o e cuidando-o diariamente com atenção plena, amor e concentração. Esse gesto fortalece nossa conexão com quem partiu. Podemos falar com essa pessoa, compartilhar nossos sentimentos e contar tudo o que está acontecendo em nossa vida. Podemos anunciar as novidades tanto para ela quanto para todos os nossos ancestrais. Talvez queiramos dizer ao nosso ente querido que aquilo que ele não conseguiu completar ou curar em vida, estamos fazendo o nosso melhor para realizá-lo por ele. Dessa forma, estabelecemos uma conexão profunda e contínua com quem amamos e com o fluxo da vida do qual fazemos parte.

VOCÊ NÃO SOFRERÁ PARA SEMPRE

Vemos que todos os sentimentos, como compaixão, alegria, amor, medo, tristeza e desespero são de natureza orgânica. Quando qualquer uma dessas sementes é regada dentro de nós, ela se manifesta em nossa consciência como uma formação mental. Não precisamos ter medo de emoções difíceis ou desconfortáveis, pois, ao abraçá-las com atenção plena, a transformação sempre é possível. Quando um sentimento de tristeza surgir, podemos respirar e dizer a nós mesmos:

Inspirando, sei que há um sentimento de tristeza em mim.
Expirando, abraço esse sentimento de tristeza e deixo-o acalmar-se.

Sabemos que tudo é impermanente, inclusive nossos sentimentos e emoções. Eles vêm, permanecem por um tempo e depois se vão. Apenas observemos e nomeemos as emoções difíceis à medida que surgem, e elas, por si mesmas, começam a se acalmar e a se transformar. Esse é o poder do simples reconhecimento. Simplesmente reconhecemos nossos pensamentos e sentimentos à medida que aparecem.

Ao compreender profundamente a natureza orgânica das formações mentais, tornamo-nos muito mais calmos, estáveis e em paz. Sabemos que isso também passará. Nossa dor, com o tempo, diminuirá. Com apenas um sorriso e uma respiração consciente, começamos a transformar o nosso sofrimento.

NÃO CAMINHAMOS SOZINHOS

Quando caminhamos, não estamos caminhando sozinhos. Nossos pais e ancestrais estão sempre conosco. Eles estão presentes em cada célula do nosso corpo. Cada passo que damos em direção à paz, à cura e à felicidade também traz paz, cura e felicidade para nossos pais e ancestrais. Temos o poder de transformar o passado. Cada passo consciente tem o poder de nos transformar, assim como todos os nossos ancestrais dentro de nós, incluindo nossos ancestrais espirituais e os do reino animal, vegetal e mineral. Não caminhamos apenas por nós mesmos. Quando caminhamos, caminhamos por nossa família, por aqueles que amamos e por todo o mundo.

Autocuidado: caminhando com seu ente querido

Ao praticar a meditação andando, você pode convidar seu ente querido para caminhar com você. Imagine a mão dele junto à sua enquanto caminha e sinta a presença dele viva dentro de você e ao seu lado. Quando você caminha com atenção plena, paz e calma, seu ente querido também o faz. Quando parar para admirar uma paisagem bonita, ver o pôr do sol ou ouvir o canto dos pássaros, você pode compartilhar esse momento com ele. Você vê com os olhos dele.

Você pode perguntar: "Querido(a), você vê esse pôr do sol maravilhoso? Essas árvores tão lindas?"

Aproveite tudo por ele. Quando você está plenamente consciente e em contato com seu ente querido e com todos os seus ancestrais no momento presente, todos se beneficiam e são nutridos pela paz, alegria e beleza do instante. É assim que podemos nos curar, curar aqueles que amamos e mantê-los vivos dentro de nós.

A PRESENÇA DA MINHA MÃE

Quatro anos após o falecimento da minha mãe, tive um sonho em que a vi jovem, vívida, alegre e bela, com longos cabelos negros. Ao acordar, no meio da noite, saí para o jardim iluminado pela lua. Enquanto caminhava pela encosta atrás do templo, senti profundamente sua presença. A cada passo que dava, eu a sentia ali comigo. Foi então que compreendi que meu corpo não era apenas meu, mas uma continuidade de minha mãe, de meu pai, de meus avós e de todos os meus ancestrais. Descobri que minha mãe nunca havia realmente partido. Juntos, deixávamos pegadas na terra úmida.

PEGADAS NA AREIA

Praia deserta,
Pegadas na areia
Apagadas pela chuva –
Esta angústia não vem de lugar nenhum,
E seus pés ainda não tocam a terra.
De repente, ouço um sussurro distante
Dos ventos suaves primavera,
E a angústia se dissipa.

DO DESESPERO À LIBERDADE

Quando praticamos a atenção plena, tocamos a liberdade – a liberdade do remorso e dos arrependimentos, a liberdade da angústia e do medo. A liberdade é a base da felicidade; sem ela, não pode haver felicidade verdadeira. Cada passo, cada respiração, cada minuto de meditação, seja sentada ou caminhando, cada ação realizada com atenção plena, tudo isso pode trazer mais paz, alegria, solidez e liberdade.

CURANDO O SOFRIMENTO DOS PENSAMENTOS SUICIDAS

Há adolescentes e adultos que não sabem como lidar com seu imenso sofrimento. Eles podem pensar que a única forma de encontrar alívio é tirando suas vidas. Todos os dias, em todo o mundo, tantas pessoas de todas as idades tiram a própria vida por não saberem como lidar com suas emoções intensas.

Precisamos dominar a arte de lidar com o sofrimento para poder ensinar aos outros essa mesma arte – o caminho da transformação das emoções difíceis. Devemos levar a prática da atenção plena para as salas de aula, para os locais de trabalho e para as nossas famílias. Essa prática de parar, olhar profundamente e abraçar nossos sentimentos difíceis, é essencial. Ela pode salvar vidas.

SEU ENTE QUERIDO VIVE EM TODOS QUE O CONHECERAM

Nós somos nossos filhos, e nossos filhos somos nós. Se você tem filhos, já renasceu neles. A continuidade do seu corpo pode ser facilmente vista nos seus filhos, mas seu corpo também continua em vários outros seres. Tudo o que seu ente querido já pensou, disse ou fez continua vivo naqueles que o conheceram.

Todos que foram tocados pela sua presença dão continuidade a ele. Você nunca saberá quantas pessoas foram impactadas pelas palavras, pensamentos e ações de seu ente querido.

NOSSO VERDADEIRO LEGADO

Nossas ações de corpo, fala e mente são nosso verdadeiro legado. Essa compreensão pode nos libertar do medo – o medo de sermos abandonados, de adoecermos e de morrermos. Muitas vezes, tentamos esquecer que, um dia, também teremos que partir e deixar tudo o que amamos. Nao podemos ignorar essa realidade. Precisamos reconhecer a semente do medo dentro de nós e manter viva, todos os dias, a consciência da impermanência.

Enfrentamos a verdade. Convidamos a semente do medo a surgir e a olhamos de frente. Abraçamos esse medo com atenção plena e percebemos que a única coisa que permanece depois que partimos são as consequências de nossas ações – de corpo, fala e mente. Essa é nossa verdadeira herança.

Em minha tradição, existem cinco contemplações que praticamos diariamente para lembrar-nos da impermanência.

AS CINCO CONTEMPLAÇÕES

Eu tenho a natureza do envelhecimento; não há como escapar de envelhecer.
Eu tenho a natureza da enfermidade; não há como escapar de adoecer.
Eu tenho a natureza da morte; não há como escapar da morte.
Tudo do que gosto e todos que amo têm a natureza da mudança. Não há como escapar da separação.
Eu herdo os resultados de minhas ações de corpo, fala e mente. Minhas ações são a minha continuação.

Autocuidado: comemorando seu ente querido

Em momentos em que precisamos de força, podemos nos apoiar na força dos outros. Podemos recorrer à família e aos amigos, mas também podemos chamar nossos ancestrais, mestres espirituais e grandes seres para estarem ao nosso lado nesses momentos difíceis.

Não precisamos esperar que nosso ente querido tenha falecido. Assim que soubermos de uma doença grave, podemos meditar e enviar nossa energia de amor, gratidão e paz para essa pessoa. Esse tipo de energia é curativo e transformador.

Se um grupo de familiares, amigos próximos ou companheiros de meditação puder meditar conosco, podemos gerar uma poderosa energia coletiva de atenção plena. Essa energia de oração transcende tempo e espaço e pode ajudar não apenas a nós, que estamos preocupados, mas também à pessoa que está doente ou em processo de partida, trazendo-lhe mais paz.

***

Em nossa tradição, realizamos uma cerimônia de comemoração para os falecidos assim que partem e, depois, em intervalos regulares – após sete dias, quarenta e nove dias, cem dias e, depois, anualmente, no aniversário de sua morte. É claro que, no início, podemos sentir muita tristeza, mas essas cerimônias não precisam ser ocasiões apenas de luto. Elas são oportunidades para nos reconectarmos com nosso ente querido, celebrar sua vida e expressar nossa imensa gratidão e amor, além de oferecer apoio para a sua jornada de transformação e de continuidade.

* * *

Podemos realizar uma pequena cerimônia em casa e convidar familiares e amigos para criar uma forte energia coletiva. É útil fazer isso o mais cedo possível após o falecimento, para que possamos oferecer orações e enviar amor e bons desejos para uma transição pacífica.

A cerimônia pode ser de várias maneiras, formal ou informal, conforme desejarmos. Antes de começar, podemos preparar e oferecer ao nosso ente querido sua comida favorita – algo que ele realmente gostava de comer ou beber em vida – e colocá-la no altar. Podemos também colocar um cartão com seu nome e as datas de nascimento e falecimento ao lado da foto.

Podemos iniciar acendendo velas e oferecendo incenso, praticar meditação sentada por um momento para acalmar o corpo e a mente e nos sentirmos presentes. Em seguida, podemos incluir cânticos, músicas, leituras, poemas ou momentos de reflexão.

Podemos compartilhar lembranças especiais que tivemos com o nosso ente querido, expressar nossa gratidão e convidar outros a fazer o mesmo. Ouvir sobre as muitas maneiras pelas quais nosso ente querido tocou a vida dos outros pode trazer grande alegria.

A contemplação a seguir é amplamente utilizada em todas as nossas cerimônias para os falecidos. Ela nos lembra de que somos muito mais do que apenas este corpo e de que, assim como uma nuvem, nosso ente querido pode se transformar em muitas coisas, mas nunca desaparecer completamente.

CONTEMPLAÇÃO SOBRE O NÃO VIR E O NÃO IR

Este corpo não sou eu.
Não estou limitado a ele.
Sou a vida sem fronteiras.
Nunca nasci
e nunca morri.
Olhe para o oceano e para o céu repleto de estrelas,
manifestações da minha maravilhosa Mente Verdadeira.
Desde antes do tempo, eu sou livre.
Nascimento e morte são apenas portas pelas quais passamos,
limiares sagrados em nossa jornada.
Nascimento e morte são um jogo de esconde-esconde.
Então, ria comigo,
segure minha mão,
vamos dizer adeus,
dizer adeus para:
nos encontrarmos novamente em breve,
nos encontramos hoje,
nos encontraremos novamente amanhã,
nos encontraremos na origem a cada momento,
nos encontramos em todas as formas de vida.

SOMOS FOGOS DE ARTIFÍCIO

Quando fogos de artifício explodem no céu noturno, faíscas se espalham como flores em todas as direções. Você é como fogos de artifício. Não continua em uma linha reta; você irradia em todas as direções, nos seus filhos, nos seus amigos, na sua sociedade e em todo o mundo.

Quando compartilho um ensinamento, ele contém minha compreensão da realidade e os conhecimentos adquiridos da minha experiência. Eu também não sigo em uma direção linear. Eu me espalho dentro de você e renasço de diferentes formas em você e em todas as pessoas que entram em contato com esse ensinamento.

Não precisamos esperar até que nosso corpo se desintegre para embarcarmos em uma jornada de renascimento. Neste exato momento, estamos renascendo em uma infinidade de lugares e formas diferentes.

EU NÃO ESTOU AQUI

Tenho um discípulo no Vietnã que quer construir uma estupa para guardar minhas cinzas quando eu morrer. Ele e outros desejam incluir uma placa com as palavras: "Aqui jaz meu amado mestre". Eu lhes disse para não desperdiçarem a terra do templo. "Não me coloquem em um pequeno pote e me deixem lá!", eu disse. "Não quero continuar desse jeito. Seria melhor espalhar minhas cinzas do lado de fora para ajudar as árvores a crescerem".

Sugeri que, se ainda insistissem em construir a estupa, colocassem na placa: "Eu não estou aqui". Mas, caso as pessoas não entendessem, poderiam acrescentar uma segunda placa: "Eu não estou lá fora também". Se ainda assim não compreendessem, poderiam escrever na terceira e última placa: "Você pode me encontrar na sua maneira de respirar e de caminhar".

Este meu corpo se desintegrará, mas minhas ações darão continuidade a mim. No meu cotidiano, sempre pratico para ver a minha continuidade ao meu redor. Não precisamos esperar a dissolução total deste corpo para continuar– continuamos a cada momento. Se você pensa que sou apenas este corpo, então ainda não me viu de verdade.

Quando você olha para meus amigos, vê a minha continuação. Quando vê alguém caminhando com atenção plena e compaixão, sabe que essa pessoa é minha continuação. Não entendo por que as pessoas dizem que vão morrer, pois já me vejo em você, em outras pessoas e nas futuras gerações. Eu nunca morrerei. Toda vez que vejo um de meus alunos caminhando com atenção plena, vejo minha continuação. Haverá uma dissolução deste corpo, mas isso não significa minha morte. Eu continuarei, sempre.

Autocuidado: cultivando a gratidão

Assim como a prática da atenção plena pode nos ajudar a liberar a tristeza, tomar consciência de todas as condições favoráveis à felicidade que já possuímos pode nos dar uma visão mais equilibrada e aliviar nosso sofrimento. Quando olhamos mais de perto, percebemos que não temos apenas dor e tristeza, mas também muitas condições, já existentes, para a felicidade. Há uma infinidade de pequenos momentos de alegria que podemos saborear e adicionar ao nosso dia a dia. Podemos reconhecê-los e apreciá-los? Seja ao tomar uma xícara de chá, caminhar ao ar livre na natureza ou simplesmente sentar-se em silêncio e olhar profundamente, podemos criar felicidade nesses momentos. Reconhecer as muitas pequenas alegrias que a vida nos oferece faz com que elas cresçam, alegrem a mente e nos tragam alívio emocional.

* * *

Pegue um pedaço de papel e escreva todas as condições para a felicidade que estão disponíveis para você neste exato momento. Comece com pequenas coisas, que podem parecer insignificantes, como seu próprio corpo e saúde. Por exemplo: "Meu coração ainda está batendo e me mantendo vivo, mesmo que às vezes doa ou não seja tão forte como antes". Normalmente, tomamos essas coisas como garantidas, mas quando paramos para focar em tudo o que ainda é bom e funciona bem, alimentamos nossa gratidão e felicidade, alegrando nossa mente.

Então, em vez de nos concentrarmos na dor ou no arrependimento, podemos começar a focar no amor e nos bons momentos que compartilhamos com aqueles que amamos, nas belas memórias que guardamos deles.

Talvez você se surpreenda ao perceber que uma página não é suficiente. Duas páginas podem não ser suficientes. Três ou quatro páginas podem não ser suficientes. Quando reconhecemos todas as coisas boas que já temos, torna-se muito mais fácil sentir gratidão, e a gratidão é a base da felicidade. Com o coração cheio de gratidão, tocamos a felicidade e encontramos alívio para o nosso sofrimento.

Também podemos transformar isso em uma prática diária. Todas as noites, antes de dormir, podemos listar três coisas pelas quais somos gratos e um momento de felicidade. Dia após dia, nossa gratidão e nossa felicidade crescerão.

LUTO E COMPAIXÃO: A ARTE DE SOFRER

Podemos aprender muito com o nosso sofrimento. Podemos até falar da arte de sofrer. Quando sabemos como sofrer, sofremos muito menos. Sabemos que compreender nosso sofrimento gera compaixão, não apenas por nós mesmos, mas também pelos outros. E sabemos que a compaixão é essencial para que a alegria e a felicidade sejam possíveis. Podemos aprender a fazer bom uso do nosso sofrimento para cultivar nossa paz e felicidade.

Muitos de nós nos perguntamos o que acontecerá conosco quando morrermos. Alguns acreditam que, após a dissolução do corpo, subimos para o céu ou flutuamos entre as nuvens. Muitos acreditam que, depois da morte, vamos para um paraíso distante, que imaginamos ser maravilhoso – um lugar sem sofrimento.

Mas se o céu fosse um lugar sem sofrimento, eu não gostaria que meus filhos fossem para lá. Eu não gostaria de estar em um mundo sem qualquer sofrimento, porque então não haveria compaixão nem compreensão. Se você nunca passou fome, não pode realmente valorizar ter algo para comer. Se nunca viveu uma guerra, não conhece o verdadeiro valor da paz.

Precisamos compreender a bondade do sofrimento. Ele é o adubo que ajuda as rosas a crescerem. É a lama da qual emergem os magníficos lótus.

RETORNANDO À VIDA

Temos uma lâmpada dentro de nós, a lâmpada da atenção plena, que podemos acender a qualquer momento. O óleo dessa lâmpada é a nossa respiração, os nossos passos e o nosso sorriso sereno. Precisamos acender a lâmpada da atenção plena para que a sua luz brilhe ao nosso redor e dissipe a escuridão. Vamos manter essa lâmpada acesa.

Tudo o que fazemos pode ser feito com atenção plena, trazendo nossa mente de volta ao nosso corpo e ao momento presente. O momento presente é nosso verdadeiro refúgio, nosso verdadeiro lar, o lugar onde podemos estar plenamente vivos. O passado já se foi, e o futuro ainda não chegou. O presente é o único momento que temos para viver. Vamos fazer o nosso melhor para aproveitá-lo e não deixar a vida passar despercebida.

Autocuidado:
um sorriso matinal

A cada manhã, ao acordarmos, pratiquemos o ato de sorrir. Ser capaz de sorrir, mesmo quando não sentimos vontade, já é, por si só, uma prática profunda. "Meu sofrimento não é o fim do mundo", é o que nosso sorriso diz. Tudo é impermanente, inclusive o nosso sofrimento. Isso também passará. Pesquisas em neurociência mostram que sorrir envia uma mensagem clara ao cérebro de que não há nada com que se preocupar, ajudando-nos a sentirmos melhor. Podemos receber cada novo dia com essa consciência.

Podemos sentir que sorrir é a última coisa que conseguimos fazer no momento, mas ao despertarmos de manhã, tomamos consciência de que temos um presente precioso: vinte e quatro novas horas para viver. Ainda estamos vivos e queremos fazer bom uso do tempo que nos foi dado. Não queremos desperdiçá-lo. Podemos viver essas vinte e quatro horas plenamente, tocando a paz, a alegria e o encanto, apesar da dor e do sofrimento que possamos estar enfrentando. Ao longo do dia, podemos gerar a energia do entendimento e da compaixão, que têm o poder de nos curar e de curar todos com quem entramos em contato.

Recitar o seguinte verso todas as manhãs, antes de sair da cama, pode ajudar a começar o dia com mais leveza e energia. Talvez você goste de escrever essas palavras e colocá-las em um lugar onde possa vê-las logo ao acordar:

Ao despertar esta manhã, eu sorrio.
Vinte e quatro novas horas estão diante de mim.
Faço o voto de viver plenamente cada momento
e de olhar para todos os seres
com os olhos da compaixão.

O oceano do sofrimento é imenso. Mas, se você se virar, poderá ver a terra firme.

A terra que piso nesta manhã
transcende a história.
A primavera e o inverno estão ambos presentes neste momento.
A folha jovem e a folha morta são realmente uma só.
Meus pés tocam a imortalidade,
e meus pés são os seus.
Caminhe comigo agora.
Vamos entrar na dimensão da unidade
e ver a cerejeira florescer no inverno.
Por que deveríamos falar sobre a morte?
Eu não preciso morrer
para estar de volta com você.

Fontes de pesquisa

Livros

Chan Khong, Irmã. (2024). *Beginning anew: four steps to restoring communication*. Parallax.

Nhat Hanh, Thich. (2017). *The art of living: peace and freedom in the here and now*. HarperCollins.

Nhat Hanh, Thich. (2009). *The blooming of a lotus: revised edition of the classic guided meditation for achieving the miracle of mindfulness*. Beacon.

Nhat Hanh, Thich. (1999). *Call me by my true names: the collected poems of Thich Nhat Hanh*. Parallax.

Nhat Hanh, Thich. (2002). *Chanting from the heart: Buddhist ceremonies and daily practices*. Parallax.

Nhat Hanh, Thich. (2005). *Happiness: essential mindfulness practices*. Parallax.

Nhat Hanh, Thich. (2012). *Love letter to the Earth*. Parallax.

Nhat Hanh, Thich. (2011). *Making space: creating a home meditation practice*. Parallax.

Nhat Hanh, Thich. (1996). *The miracle of mindfulness*. Beacon.

Nhat Hanh, Thich. (2013). *Peace of mind: becoming fully present*. Parallax.

Nhat Hanh, Thich. (2006). *Reconciliation: healing the inner child*. Parallax.

Nhat Hanh, Thich. (2003). *Touching the Earth: 46 guided meditations for mindfulness practice*. Parallax.

Nhat Hanh, Thich. (2011). *Your true home: the everyday wisdom of Thich Nhat Hanh*. Shambhala.

Fontes online

Para retiros e orientações sobre como aplicar as práticas básicas da atenção plena em nossa vida diária, visite plumvillage.org.

Para uma variedade de recursos – palestras inspiradoras, meditações guiadas, relaxamentos profundos, contemplações para tocar a terra e para baixar o sino da atenção plena – visite plumvillage.app.

EDITORA VOZES LTDA.
Rua Frei Luís, 100 – Centro – Cep 25689-900 – Petrópolis, RJ
Tel.: (24) 2233-9000 – E-mail: vendas@vozes.com.br